编译文库·马克思主义

梅 岚 著

全媒体时代的精神生产活动及其反思
——基于马克思主义的研究视角

Spiritual Production Activities and Reflections in the all-media era
——Based on the research perspective of Marxism

图书在版编目（CIP）数据

全媒体时代的精神生产活动及其反思：基于马克思主义的研究视角／梅岚著．—北京：中央编译出版社，2024.1

ISBN 978-7-5117-4522-4

Ⅰ．①全…　Ⅱ．①梅…　Ⅲ．①精神生产–研究　Ⅳ．①B016.98

中国国家版本馆 CIP 数据核字（2023）第 178469 号

全媒体时代的精神生产活动及其反思：基于马克思主义的研究视角

责任编辑	李媛媛
责任印制	李　颖
出版发行	中央编译出版社
网　　址	www.cctpcm.com
地　　址	北京市海淀区北四环西路 69 号（100080）
电　　话	（010）55627391（总编室）　（010）55627116（编辑室）
	（010）55627320（发行部）　（010）55627377（新技术部）
经　　销	全国新华书店
印　　刷	北京文昌阁彩色印刷有限责任公司
开　　本	710 毫米×1000 毫米　1/16
字　　数	125 千字
印　　张	8.75
版　　次	2024 年 1 月第 1 版
印　　次	2024 年 1 月第 1 次印刷
定　　价	80.00 元

新浪微博：@ 中央编译出版社　　微　信：中央编译出版社（ID：cctphome）
淘宝店铺：中央编译出版社直销店（http：//shop108367160.taobao.com）　（010）55627331

本社常年法律顾问：北京市吴栾赵阎律师事务所律师　闫军　梁勤
凡有印装质量问题，本社负责调换，电话：（010）55627320

前　言

习近平总书记在党的二十大报告中明确指出："从现在起，中国共产党的中心任务就是团结带领全国各族人民全面建成社会主义现代化强国、实现第二个百年奋斗目标，以中国式现代化全面推进中华民族伟大复兴。"而关于中国式现代化的本质要求，习近平总书记明确提出，"坚持中国共产党领导，坚持中国特色社会主义，实现高质量发展，发展全过程人民民主，丰富人民精神世界，实现全体人民共同富裕，促进人与自然和谐共生，推动构建人类命运共同体，创造人类文明新形态"[1]。

"丰富人民精神世界"，是新时代新征程上中国式现代化的本质要求。在此背景下，我们应深刻注意到，在中国式现代化进程中，人民精神世界的深刻内涵与发展要求。因而，有必要进一步深化对马克思恩格斯精神生产理论研究，推动马克思主义精神生产理论的当代发展。

精神生产理论是马克思恩格斯唯物史观的重要组成部分，同样也是中国特色社会主义理论发展的重要理论来源。中国特色社会主义文化建设是中国特色社会主义理论体系的重要内容，其灵魂和核心是社会主义社会的精神生产，它不仅关涉中国特色社会主义道路的发展方向，也是中国特色社会主义发展水平和发展层次的重要标识，是中国式现代化在理论上与实践上的双重

---

[1] 习近平：《高举中国特色社会主义伟大旗帜　为全面建设社会主义现代化国家而团结奋斗——在中国共产党第二十次全国代表大会上的报告》，北京：人民出版社2022年版，第21、23页。

需要。随着我国经济转型、政治转型的不断推进，文化转型也有其历史发展的必然性。对马克思主义精神生产理论的研究与推进，是当前深化文化转型的理论前提和重要准备。

在马克思和恩格斯的语境中，精神生产具有狭义和广义两种含义。广义的精神生产是与物质生产完全对应的，其中包括社会关系（家庭、市民社会、国家）的生产以及意识形态（哲学、艺术、科学、文学、宗教等）的生产；狭义上的精神生产专指意识形态的生产。在马克思看来，恰恰是广义上的精神生产使得人和其它动物有了根本差别，使得人不仅限于自我持存的需要的满足，同样满足了社会交往等需要。所有的精神生产都是某种社会生产，即精神生产具有社会性：对于社会关系的生产来说，精神生产能够满足于人的社会交往的需要因而具有社会性；对于意识形态的生产来说，无论其自身的生产过程还是产品都受到社会的影响。这一点明确体现在马克思恩格斯的唯物史观当中，社会意识形态取决于国家和社会的发展阶段，而这两者又从根本上取决于物质生产的方式。从唯物史观出发，在对资本主义分析的基础上，可以看到精神生产能够从多重维度摆脱资本主义时代人被"物"统治的窘境，能够推进人类精神文明进程，最终实现人的自由全面发展。

马克思和恩格斯对精神生产理论的研究不是一蹴而就的，伴随其理论发展的始终。从早年的《德意志意识形态》《1844年经济学手稿》，再到晚年的《1857—1858年经济学手稿》和《资本论》，马克思主义精神生产理论随着马克思主义理论整体的发展而不断蜕变成熟。马克思自青年时代起，就关注了"精神生产"问题，这是他对于人的异化问题思考的萌芽。正是通过对精神生产理论问题的阅读和讨论，才使他开始检讨青年黑格尔派的问题，引发随后的一系列思考。按照以往学者对马克思哲学的整体解释路径，将精神生产理论置于这些解释架构中不仅能凸显出精神生产理论的不同侧面，同时也能够追问精神生产理论的内涵。而从实践哲学角度出发，精神生产作为一种广义上的实践活动，在本质上同物质生产活动是同构的；从历史形态论出发，不同时代的所有制和交往形式决定了不同时代的精神生产方式的表现；

从价值哲学出发，精神生产是精神价值的得以实现的重要手段，它满足了现实的、个体的人的自我发展的需要，最终能够实现人类发展的根本目标，由必然王国飞跃到自由王国；从结构论的角度来看，狭义上的精神生产活动与社会关系生产活动、人的自我生活资料生产活动并列为全面的社会生产理论的一部分，精神生产中的精神生产力决定着精神生产关系，促进精神文明甚至整个社会的发展，最终实现人的解放。

可以说，精神生产理论不仅仅是马克思主义理论体系的重要内容，同样也是马克思主义在新时代中国特色社会主义建设中自我完善的逻辑结果和现实需求。历史地看，从马克思提出这一理论到今天，世界历史发生重大变化，新的时代条件和社会环境下的精神生产也出现了前所未有的新情况、新问题，需要新的理论探索和理论总结。社会主义现代化建设给中国特色社会主义理论体系在新时代的发展提供了丰厚的实践基础，新的实践呼唤新的理论发展，只有全面完整地认识、理解和把握马克思的精神生产理论及其理论主旨和精神实质，才可能在错综复杂的时代条件下，在中国特色社会主义生动实践中不断推动其科学发展，不断发展的理论实现对实践的科学引领，并在实践中不断丰富和完善。

研究马克思恩格斯精神生产理论有助于推动中国特色社会主义文化建设的突破性发展。新的历史条件下，中国特色社会主义文化建设面临着新的挑战，比如经济全球化的挑战、知识经济的挑战、消费主义文化时代的挑战，以马克思主义唯物史观为指导，坚持马克思恩格斯精神生产理论的基本立场，不断丰富、充实和发展马克思恩格斯精神生产理论，以之为理论基础和实践指南，深刻领会和准确把握新时代的主要矛盾和基本依据，才能认识新时代、把握新时代、引领新时代。

目 录

第一章 马克思主义精神生产的理论建构 ⋯⋯⋯⋯⋯⋯⋯⋯⋯ 1
 第一节 马克思生产逻辑的形成 ⋯⋯⋯⋯⋯⋯⋯⋯⋯⋯⋯ 1
 第二节 精神生产何以可能 ⋯⋯⋯⋯⋯⋯⋯⋯⋯⋯⋯⋯⋯ 12
 第三节 实践哲学视域下的精神生产 ⋯⋯⋯⋯⋯⋯⋯⋯⋯ 22

第二章 全媒体之时代诊断 ⋯⋯⋯⋯⋯⋯⋯⋯⋯⋯⋯⋯⋯⋯ 35
 第一节 重新理解媒介与媒体 ⋯⋯⋯⋯⋯⋯⋯⋯⋯⋯⋯⋯ 35
 第二节 从新媒介到全媒体 ⋯⋯⋯⋯⋯⋯⋯⋯⋯⋯⋯⋯⋯ 46
 第三节 全媒体的三重效应 ⋯⋯⋯⋯⋯⋯⋯⋯⋯⋯⋯⋯⋯ 58

第三章 全媒体时代的精神生产活动及其批判 ⋯⋯⋯⋯⋯⋯ 67
 第一节 计算机与全媒体时代的信息传递 ⋯⋯⋯⋯⋯⋯⋯ 67
 第二节 全媒体时代的精神生产：数字经济时代的数字劳动 ⋯⋯ 79
 第三节 精神生产理论批判及反思 ⋯⋯⋯⋯⋯⋯⋯⋯⋯⋯ 89

第四章　全媒体时代的话语、意识形态与舆情 ………………… 100
第一节　全媒体时代的主流话语 ……………………………… 100
第二节　全媒体时代网络意识形态及其建设 ………………… 111
第三节　全媒体时代的舆论与舆情 …………………………… 119

第一章　马克思主义精神生产的理论建构

作为一种科学的历史理论和政治—经济学理论，马克思恩格斯的思想能够批判地分析当代社会的现实状况，并且对未来社会发展趋势作出可靠的预见，马克思恩格斯的创新性则恰恰体现于此。马克思的历史唯物主义以及这种理论在资本主义社会中的批判、运用，促成了马克思主义解释世界和改造世界的持久兴盛。而马克思的"精神生产"作为一种叙述逻辑，作为历史唯物主义的积极组成部分，不仅体现了其自身的独特价值，而且能够适应当前新媒体时代的批判与反思。因此，在论述新媒体时代意识形态之前，有必要具体分析马克思主义"精神生产"理论，以凸显其独特的理论价值和实践价值。

第一节　马克思生产逻辑的形成

尽管马克思在著作和信件中多次涉及"精神""生产"等术语，但并没有直接围绕"精神生产"这一概念展开系统的论述，也没有形成关于精神生产的系统理论。可以说，仅从马克思恩格斯的文本出发，精神生产作为一种理论模式尚未成为马克思在其时代的主要思考对象。这一方面是因为马克思的精神生产概念作为社会生产的模式之一，内在地涵盖于马克思早年形成的社会生产的论述逻辑和理论视域中；另一方面，这也是因为马克思恩格斯更为关注的是诸如资本、劳动者等亟待解决的时代问题，而精神生产作为相对次要的问题有待日后解决。但毋庸置疑，马克思的"精神生产"对马克思的理论自身具有承前启后的积极作用。马克思对"精神生产"论述的不系统与不完整促使当代解释者在深耕马克思的经典著作的同时，亦将之主题化并加以阐明。

由于精神生产理论有待完善，在明晰马克思精神生产理论的内涵和外延之前，必须首先对马克思提出的**生产**理论及其论述逻辑预先加以考察。这既是哲学与科学研究的逻辑使然，又能促使读者从马克思经典理论自身出发，全面地把握马克思主义的立场和视角。

从马克思的思想兴趣的转变过程来看，马克思的生产理论的原初背景是19世纪三四十年代德意志的宗教批判。宗教问题是当时德意志学术界、思想界争论的重要议题。这一议题产生的原因有两方面：就德意志政治、文化等外部环境而言，正如马克思后来的说法，这一问题之所以产生是由于当时德意志反动政府过于强大和反对派过于弱小，以至于思想界的斗争要隐瞒自己的真实意图，"采取神秘的、几乎不受任何监督的宗教运动形式"①。就思想史内部的发展脉络而言，在黑格尔死后，"绝对精神"开始瓦解，随之而来的是黑格尔主义者之间的理论争斗。

马克思敏锐地意识到了这一时代的重大变化，他绘声绘色地写道："在最后一点生命的火花熄灭之后，这具残骸的各个组成部分就分解了，它们重新化合，构成新的物质。那些以哲学为业，一直以经营绝对精神为生的人们，现在都扑向这种新的化合物。每个人都不辞劳苦地兜售他所得到的那一份。"②

黑格尔主义者们要么完全遵从黑格尔精神体系的权威，并将其作为现实世界的准则，要么则对这一体系中的部分内容进行批判而修正。据此形成

---

① 《马克思恩格斯全集》第12卷，北京：人民出版社1998年版，第594页。
② 《马克思恩格斯选集》第1卷，北京：人民出版社2012年版，第142页。

了黑格尔主义左派和右派之间的争论以及黑格尔左派内部的争论，即青年黑格尔主义者内部的不同理论间的争论。就宗教问题而言，黑格尔左派提出要修正黑格尔的宗教观点，而右派承认宗教、概念、普遍的东西统治着现存世界的合法性。青年黑格尔派（左派）不满于黑格尔哲学体系中的宗教观。黑格尔的宗教与哲学在内容上是一致的，都以绝对精神为对象；但两者在形式上有别：宗教通过表象认识绝对精神，哲学则通过思维把握同一个对象。前者得出抽象的观念，后者的观念则是具体的观念。黑格尔试图以此把宗教和哲学，即信仰和理性调和起来，但在青年黑格尔派看来，宗教信仰与哲学理性之间是不可调和的，于是开始了轰轰烈烈的宗教批判运动。

在当时的宗教批判中，主要流行三种论点。大卫·施特劳斯（D. F. Strauss）在其《耶稣传》一书中，立场鲜明地批判了黑格尔不仅罔顾官方教会认定的关于基督教的历史事实，而且无视《圣经》教义及其对上帝属性的说明、对耶稣生平事迹的记载，只把宗教视为其思辨哲学的注脚，用哲学理论的术语来解释宗教问题。与之相比，施特劳斯通过历史批判的方法，还原了历史上的耶稣形象，摒弃耶稣身上的神圣性，对当时德意志官方推崇的基督教虔敬主义意识形态沉重予以打击。

青年黑格尔主义的另一代表人物布鲁诺·鲍威尔则提出一套以主体性为核心的自我意识哲学，并将之应用到对宗教问题的一般分析上。与施特劳斯将《福音书》等宗教作品的神话色彩归咎于犹太民族性、政治环境的局限性不同，鲍威尔将宗教作品视作作者自我意识的自觉产物，进而将宗教看作自我意识异化的产物——自我意识赋予这些压迫它的外在要素以人格性，并将这位外物实体化为宗教崇拜的对象，进而将自我意识独有的自主性、自由让渡给这些外物。不仅如此，他还将宗教置入世界历史的考察中，不仅以自我意识哲学重新解读犹太教和基督教的历史，并且断言随着自我意识的不断自主、独立，宗教必然让位于无神论。

费尔巴哈基于与自然主义相统一的人道主义的立场，反对宗教的超自然

全媒体时代的精神生产活动及其反思——基于马克思主义的研究视角

主义的利己主义,认为犹太教和基督教将上帝设置为超验的实体,脱离于世界。而上帝只不过是人自己的投影。人幻想其与肉体(自然)分离,成为一个独立、自主的整体,从而与世界隔离。费尔巴哈认为:正是由于他不再将自己看作是一个属于世界的存在者,正是由于他割断了自己跟世界的联系,他才感到自己是无限存在者——因为世界客观性就是主观性之界限——他才毫无理由去怀疑他自己的主观愿望和主观情感之真理性和有效性。①

费尔巴哈实际指明了,在世俗化的过程中,人通过宗教将自身的世界性剥离,从而与世界疏离起来。这一事实造成的后果是作为个体的人忽略了其自身的有限性,而感到自身的无限性和超验性。而基督教、犹太教只是通过偶像崇拜的方式实现人的宗教幻想。从思想史角度来看,费尔巴哈批判了黑格尔的否定之否定的精神现象学。费尔巴哈表明黑格尔哲学立足于抽象的实体、绝对出发,通过扬弃实体自身的抽象性,设定现实感性的对象,进入异化的阶段。随后,实体扬弃异化,抛弃这些对象的现实规定,重新成为绝对和无限之物。这精神的整个过程与宗教神学中上帝通过创造世界来确证自己的绝对的逻辑别无二致。

可以说,德国的宗教批判运动承前启后。它既继承了源自法国的启蒙精神传统,提倡人的自由、平等,也剔除了黑格尔思辨哲学中的一部分,为后来者的理论创造留下了空白。马克思也积极融入宗教批判潮流中来。早在1837年马克思就开始接触青年黑格尔派,并成为柏林青年黑格尔派的积极成员。但与青年黑格尔主义者截然有别的是,马克思逐渐从宗教批判中脱离出来,在继承了费尔巴哈式的人本主义情怀的同时,吸收其时代政治经济学的相关成果,最终形成一种新的论述框架——生产逻辑。

青年时期的马克思或多或少地受到黑格尔主义的影响,尤其是和青年黑格尔主义者以及费尔巴哈产生了密切的联系,并没有形成自己独立的世界观。

---

① 参见〔德〕费尔巴哈:《基督教的本质》,荣震华译,北京:商务印书馆1984年版,第205页。

因而马克思早期大多是在观念论的框架中展开理论论述，多是直接采用黑格尔等观念论者的术语和概念范畴，并没有对这些概念和范畴作出明确界定，更没有对它们展开全面彻底的批判，因而这个时期的马克思还没有提出足以奠基其整个理论体系的核心概念。例如在其写作博士论文和在《莱茵报》工作时期，马克思受鲍威尔自我意识概念的影响，以理性的自我意识为核心概念对现实问题加以反思。从1843年夏天开始，马克思开始转向哲学理论，有意识地反思德国观念论的论域。在马克思看来，尽管青年黑格尔主义者都宣称超越了黑格尔哲学，但实际上只是借助于诸如"实体""自我意识""类""唯一者""人"这些黑格尔体系中某一方面来反对整个体系以及其他黑格尔主义者，并没有从根本上全面地反对黑格尔体系。这些青年黑格尔派的争论从根本上仍然囿于神学领域，不仅将形而上学观念、政治观念、法律观念等归结于宗教观念或神学观念；而且将人的政治意识、法律意识、道德意识归结为宗教的或神学的。因此宗教在整个体系中占据核心的位置。

与之相对，马克思开始寻求宗教解放更为根本也更为普遍的问题——人的解放问题。其中最重要的关节点是马克思吸收了费尔巴哈的"类本质"思想，开始反思人在社会中的现实处境，进而寻求人的现实解放。在《黑格尔法哲学批判》中，马克思强调市民社会决定国家，而非如黑格尔主义者所言的"国家决定市民社会"。这意味着市民社会这一利己主义的经济范畴实质上决定了国家这一政治范畴的形态。这说明，马克思论战的焦点逐步集中到人的类本质的异化，而在他看来，市民社会则是异化发生的场所，从中能够找到人的类本质异化的诸多理论和现实原因。对于马克思来说，如何解决人的异化问题进而实现最终目标——人的解放？在随后的一系列文章中，他对此进一步展开论述。马克思首先批判了鲍威尔对犹太人解放问题的论述。在马克思看来，鲍威尔只探讨了谁是解放者、谁应当得到解放，而真正的问题在于"这里指的是哪一类解放？人们所要求的解放的本质要有哪些条件？只有对政治解放本身的批判，才是对犹太人问题的最终批判，也才能使这个问

全媒体时代的精神生产活动及其反思——基于马克思主义的研究视角

题真正变成'当代的普遍问题'。"①

在《〈黑格尔法哲学批判〉导言》中马克思指出,要实现人的全面解放则必须进行无产阶级的革命。而在《1844年经济学哲学手稿》中,马克思进一步将人的异化的哲学维度和经济学维度结合起来,分析了其时代的异化现象。马克思一方面反对黑格尔理论体系中的原则——观念、思想和概念产生、规定和支配着人们的现实生活、其所处的物质世界以及他们彼此之间的现实关系;另一方面反对费尔巴哈、布鲁诺·鲍威尔等青年黑格尔派的幼稚空想,即世界(包括人自身)是受到观念支配的,思想和概念是决定性的本原,现实世界是观念的产物。

恰恰是在写作《1844年经济学哲学手稿》时期,生产作为一个概念成为马克思论述的关键范畴出现。而马克思宗教批判的论述思路有了明显的个人特征。马克思对宗教批判的继承首先体现在其对费尔巴哈的继承上。他仍然坚持费尔巴哈的宗教批判的基本依据——人创造了宗教,而不是宗教创造了人。但更为重要的是,马克思对费尔巴哈的继承毋宁说在于"创造"概念的探讨。马克思意识到,人不仅能够创造宗教,人也能够创造其他东西。

这种思路扩散的证据明显体现在《德意志意识形态》——这一文本不仅是马克思个人思想转型的标志,也是马克思早年生产逻辑的起点——的序言中。马克思就试图以某种批判的方式引入"生产"的问题:"迄今为止人们总是为自己造出关于自己本身、关于自己是何物或应当成为何物的种种虚假观念。他们按照自己关于神、关于标准人等等观念来建立自己的关系。他们头脑的产物不受他们支配。他们这些创造者屈从于自己的创造物。"②

在这个宗教批判者看来,宗教不外乎是人按照神的模样、标准等观念"创造"出来的虚假的概念。其结果是作为创造者的人屈从于创造物,即所谓的"异化"。但马克思并没有借此否认人的创造性,没有否认人具有生产的潜能,而是突出强调人的创造者身份,并将生产作为一个主题概念凸显

---

① 《马克思恩格斯文集》第1卷,北京:人民出版社2009年版,第25页。
② 《马克思恩格斯文集》第1卷,北京:人民出版社2009年版,第509页。

出来。

如果说费尔巴哈首先从上帝创造人转变到人创造上帝，使得创造的主体从无限者变成有限者，那么马克思就进一步从创造概念转到生产概念，完成了创造概念的祛魅，设定了其必须从现实的、有限的角度来思考生产问题的基本准则。这里所谓的"现实性"即是说其所要论及的关于人的问题并非教条主义的空谈，而是能用经验加以佐证的现实对象。在对人的问题的探讨中，马克思指出了其所要关注的两个对象：其一是既定的物质生活条件，其二是由自己活动创造出来的生活条件。前者是指人的自然属性中的生活条件，例如人的生理特性以及人所处的各种生存条件。它决定着人们最初的自然形成的肉体组织（尤其是种族差别）及其发展的潜在能力。马克思并不特别看重这种自然的、原初的人的状态，而是强调后一种生活条件。这就是马克思生产逻辑的重要组成部分——经由人的生产活动中介了的生活条件。

马克思暗示个体不同的生产活动方式中介着不同的生活条件。生产方式是"这些个人的一定的活动方式，是他们表现自己生命的一定方式、他们的一定的生活方式"①。可以说，个体有什么样的生产方式，则其就有什么样的生活方式。生产置于个体生活的核心地位。个体的差异化取决于生产的差异，即取决于生产对象（生产什么）以及生产方式（如何生产）。

除此之外，马克思注重提高生产在人的问题中的核心地位，将生产范畴纳入人和动物的界限之中——人与动物的区别在于某种独特的生产性。马克思写道："可以根据意识、宗教或随便别的什么来区别人和动物。一当人开始生产自己的生活资料，即迈出由他们的肉体组织所决定的这一步的时候，人本身就开始把自己和动物区别开来。"②

自古希腊以来，西方哲学家就对人与动物的界限有着明确的区分。如亚里士多德将人看作政治的动物，以表明人的城邦（政治）身份。而在马克思这里，人与动物的界限是生产自身的生活资料。生产是人之存在的先在条件。

---

① 《马克思恩格斯选集》第 1 卷，北京：人民出版社 2012 年版，第 147 页。
② 《马克思恩格斯选集》第 1 卷，北京：人民出版社 2012 年版，第 147 页。

全媒体时代的精神生产活动及其反思——基于马克思主义的研究视角

人的持存必定来其自身的生产潜能。在此基础上马克思最终形成了一条围绕着生产概念的人本主义论述逻辑，以生产这一一般概念为尺度将类存在的人与动物区分开，又以个体不同的生产活动，将社会中的个体区分开。

如果我们将马克思的生产逻辑追溯到马克思青年时期所参与的宗教批判活动，那么这里就产生一个概念上的问题，即马克思为何不仍旧采用费尔巴哈以及观念论者提及的"创造"概念，而反复提及并着重使用"生产"概念呢？

费尔巴哈反驳宗教观念中的上帝创造人的观念，而是提出人"创造"上帝的形象。相比之下，马克思用的概念是生产（Produktion）。这实际上体现了马克思论述主题的扩大以及理论来源的多元化。纵观马克思早年的思想轨迹不难发现，其思想发端于当时盛行的宗教批判大讨论中，然后转向现实的政治批判，尤其是批判了人的异化现象，寻求人的解放问题的解决途径。在以往的研究中，解释者们往往强调这一转变对马克思早年的历史唯物主义以及共产主义思想创新的重大意义。的确，正如马克思所言，"就德国来说，对宗教的批判基本上已经结束"，但这句话的后半句道出了马克思最终的理论旨趣——"而对宗教的批判是其他一切批判的前提"[①]。我们不能将马克思的论题转换仅仅看作对宗教问题的放弃，而要思考宗教批判如何为后来的批判奠定基础。马克思后来所关注并将其置于理论的核心地位的概念或范畴是否从宗教批判中汲取营养？即马克思早年参与的宗教批判如何促使他形成一种以"生产"概念和现实中的生产状况为核心的哲学理论逻辑？

实际上，纵览马克思一生的理论视域，不难发现马克思青年时期所采用的"生产"概念与马克思随后的其他批判有着必然联系。

首先，在马克思的历史批判中，生产作为历史发展的核心范畴并且代表了不同时代的经济发展水平。马克思将能够生产自己的生活资料当作人与动物相区分的重要标志，进而当人类在某一时刻开始生产自己的生活资料时，

---

① 《马克思恩格斯选集》第 1 卷，北京：人民出版社 2012 年版，第 1 页。

人就有了自己的历史。更进一步说，人类发展的历史就是人类生产自己的生活资料的历史，而马克思也正是在这个意义上，对整个人类历史加以划分。马克思指出："人们用以生产自己的生活资料的方式，首先取决于他们已有的和需要再生产的生活资料本身的特性。这种生产方式不应当只从它是个人肉体存在的再生产这方面加以考察。更确切地说，它是这些个人的一定的活动方式，是他们表现自己生命的一定方式、他们的一定的生活方式。"①

马克思指出了人的生产自身资料的不同方式的决定性因素，即生活资料的本身特性，进一步指出了生活资料的决定性因素——人的活动。可以说，围绕着生产概念，马克思构建出"人的活动—生产资料—生产方式"这一逐步递进的理论公式。在此基础上，马克思对"生产方式"进行历史化处理。马克思在《德意志意识形态》中并非将生产方式看作自人类诞生之初就客观存在的，而是历史发展到一定阶段的产物。只有伴随着人口的增长这一历史现象以及在此基础上的人的交往（Verkehr），生产作为一种历史现象才发生。这意味着马克思已经脱离了我们当下对生产概念的常识性理解，即生产不再是通俗意义上的生产者与产品之间的人和物的关联，而是具有主体间性的生产者之间交往关系的表现。马克思之所以如此理解生产概念，是因为其继承了亚当·斯密的政治经济学的观点，将生产和分工联系起来。不仅如此，马克思又将生产与经典物理学中的力的概念联系起来，提出"生产力"这一概念。它作为衡量生产的水平的中介概念延续到马克思晚年的诸多论述中。在马克思看来，生产水平的高低就是生产力发展水平的高低，而在一个民族中，生产力发展水平取决于该民族分工的发展程度。那么什么能够代表一个民族的分工发展程度呢？马克思给出的答案是"所有制形式"。具体而言，马克思指出了历史上出现过的三种所有制形式。首先是对应着生产力不发达阶段的部落所有制，其特点是仅限于家庭分工及其扩大形式；其次是对应着生产力初步发展，在古代城市中出现的国家所有制以及在部落联盟中出现的公社

---

① 《马克思恩格斯文集》第1卷，北京：人民出版社2009年版，第519—520页。

所有制，其特征是作为生产者阶级的奴隶的公共化；最后是生产力遭到破坏之后，在中世纪出现的封建所有制或等级所有制，其特点在乡村表现为围绕着土地的王公、贵族、僧侣和农民的等级划分；在城市表现为师傅、帮工、学徒和短工的等级划分。

值得注意的是，尽管马克思将生产作为一个概念范畴进行了历史化的处理，指出生产方式在不同历史时代的变化与发展，但他又将生产这一概念的含义限制在"生产自身的生活资料"上，并将生产力的水平直接与分工水平挂钩，因而这一生产概念的内涵受到了限制。而且，马克思所论及的历史上的分工现象并非包括全部人类历史，而只限于欧洲地区的历史，因此其生产概念的外延也受到了限制。但无论如何，马克思提出的以"生产"为核心范畴的历史观与其时代盛行的观念论历史观有着明显的区别。以黑格尔为主要代表的观念论的历史哲学尽管能够涵盖中西文明的历史事实，但其中是以"精神"的发展程度来标记历史阶段的发展程度，必须依赖"精神"概念的客观性，而马克思从人的现实生产活动出发的历史观则是以"生产力"的发展程度来标记历史阶段的发展程度，尽管赋予生产概念有限的内涵和外延，但其更符合人的实际存在。

在马克思的政治经济学批判视域中，马克思在深化生产概念内涵的同时，也扩大了生产概念的外延。生产概念内涵的深化是指马克思不再从整个人类历史角度讨论生产问题，而是考察了资本主义这一具体社会形式的生产过程；生产概念的外延意味着，在这一时期，马克思的生产概念既包括在《资本论》第 1 卷中，作为直接生产过程的资本主义生产，也包括第 2 卷中讨论的资本的流通过程，毋宁说，整个资本主义生产过程就是这两者的辩证统一。具体而言，马克思从商品这一包含着资本主义生产关系各种矛盾的萌芽的概念以及货币这一资本发展的最初表现形式入手阐述资本主义直接生产的过程，并且首先分析了两者的诸多属性。就商品概念，马克思分析道，商品具有使用价值和价值两个属性，这根源于生产商品的劳动的二重性——具体劳动和抽象劳动；具体劳动生产使用价值，抽象劳动生产价值，而价值的实体就是人类抽象劳动的凝结；商品生产的矛盾反映资本主义社会中私人劳动和社会劳动的矛盾。就货币概念，马克思分析道，货币是商品生产和交换发展的必然产物，货币的产生和使用使商品的使用价值和价值之间、具体劳动和抽象劳动之间、私人劳动和社会劳动之间的内在矛盾，转化为商品和货币这一外在矛盾。在此基础上，马克思提出了货币资本化以及与之伴随而来的剩余价值的生产过程。这一点称为资本主义生产方式的特殊之处，即资本主义生产一方面是生产使用价值的劳动过程，另一方面是生产剩余价值的价值形成和价值增值过程。此外，马克思提及了资本主义社会生产中的另一个环节——资本的流通。资本流通以循环的方式存在，其基本模式是资本家用货币购买生产资料和劳动力，将其纳入具体的生产消费，并最终在市场上重新出售新生产出来的商品。对于马克思来说，流通着的资本不仅包括诸多资本形式，也包括单个资本和社会总资本的循环过程。

马克思在历史批判和政治经济学批判中的生产概念不仅使得其理论明显有别于观念论和国民经济学的一般观点，而且最终形成了一条贯穿其一生的"生产逻辑"。它实际上是马克思以生产概念为核心展开的一系列论述。从最宽泛的意义来说，任何关于人和生产的论述都可以涵盖到马克思的生产逻辑中，唯物史观和《资本论》只是马克思较为集中的论述。甚至按照仰海峰教授的观点，马克思的生产逻辑具有 8 个组成部分[①]，涵盖了以往马克思主义解释中的历史唯物主义、政治经济学、科学共产主义等理论，囊括了马克思随后几十年的论述著作。

可以说，马克思对历史唯物主义的描绘以及政治经济学批判离不开以"生产"概念为核心的生产逻辑。历史发展中所有冲突都源于生产领域之中的生产力与交往关系之间的矛盾，只有扬弃了这一矛盾才能促进历史发展，最终实现马克思的人本主义的目标。而且资本主义物质生产过程实际上与资本流转的过程并存。总而言之，马克思的政治理想和经济批判都建立在"生

---

① 参见仰海峰：《〈德意志意识形态〉与马克思哲学中生产逻辑的确立》，《江苏社会科学》2019 年第 3 期。

产"概念之上。生产概念不仅成为马克思早期思想的理论立足点，也形成了一套独特的理论逻辑——生产逻辑。

对于马克思主义理论的解释者而言，马克思的生产逻辑不仅能够为马克思卷帙浩繁的著作提供一种梳理线索，也能为使用马克思主义基本原理以解释当今时代出现的一系列现象提供理论上的支持。对于我们要研究的全媒体时代的精神产来说，马克思的生产概念和生产逻辑能够为精神生产理论提供充分的养料，能够给予其最广泛的理论启发。

第二节 精神生产何以可能

精神生产这一概念及相关理论在当今马克思主义学术界以及整个马克思主义阐释史中占有重要地位。其重要性不仅来自学界形成了以精神生产为主题的专著、论文和研讨会，同样来自作为理论的精神生产为当今绚烂多彩的文化产业提供了某种可能的解释框架。无论在资本主义国家，还是实行市场经济的社会主义国家，影视、游戏、信息等文化产品都已经作为商品流入到文化产品的生产过程中，成为市场经济必不可少的一个维度。因而将其视为人类精神生活的代表并用马克思最为看重的生产逻辑加以解释似乎无可厚非。然而在理论发挥其解释功能之前要先对理论溯源，而在对理论溯源的过程中又要对其中的核心概念和范畴加以限定。因而，对于任何想借助精神生产理论来解释当今文化产业等经济—文化现象的马克思主义学者而言，必须在马克思的经典论著中找到某种相关性。

这一问题使我们首先转向对马克思的精神生产这一概念的考察，去探寻在马克思的生产逻辑中是否有某个成熟的精神生产理论。成熟意味着可以使用。遗憾的是，马克思精神生产似乎只是一个含苞待放的花朵，无论就马克思对其的重视程度抑或其使用频率而言，其理论的成熟度都不能使解释者采取"拿来主义"的态度，而必须在可靠的解释允许范围之内重构这一经典的理论框架，去探寻马克思的精神生产何以可能。

正如所有马克思主义解释者都必须承认的那样，如果我们将目光转向19世纪中叶，即考察马克思生产逻辑形成的过程，则可以看到马克思在整个生产过程中使用最多也更看重的是"物质生产"概念，而鲜少提及与之对应的"精神生产"概念。马克思之所以如此强调物质生产概念，并不是仅仅出于其对国民经济学批判的需要，而首先是为其独特的历史观做准备。一言以蔽之，物质生产成为马克思历史观的出发点和立足点。实际上，当马克思侧重于强调物质生产概念的时候，不难发现他将黑格尔式的唯心主义的或观念论的历史观作为自己的论战对象。黑格尔的历史观立足于意识及其完成形式——精神。在黑格尔的"精神现象学"中，历史就是意识发展到精神的过程，各国家和各时代的历史只不过为意识发展不同阶段做注。作为总体性的、绝对的实体，精神成为先于历史存在的观念范畴，且成为历史发展的最终目的。相比之下，作为一种由现实的个人从事的直接的生产活动，物质生产受到人的交往方式和生产方式的制约。而马克思的历史观就奠基于这种生产逻辑之上，"从直接生活的物质生产出发阐述现实的生产过程，把同这种生产方式相联系的、它所产生的交往形式即各个不同阶段上的市民社会理解为整个历史的基础，从市民社会作为国家的活动描述市民社会，同时从市民社会出发阐明意识的所有各种不同的理论产物和形式，如宗教、哲学、道德等等，而且追溯它们产生的过程"。① 这种历史观摆脱了黑格尔的以精神或意识概念来解释各时代及各文明历史的叙述模式，而是从直接的物质生产实践活动出发去解释历史。也即是说，马克思在论述历史的过程中并不预设某些先验的范畴，更不将这些范畴的自我发展等同于历史发展，也没有从超验性的观念去解释历史，在对历史发展动力的解释上，马克思诉诸革命这种特殊的实践活动而非观念上的批判。这样一来，马克思的历史就不再是诸多政治的或宗教的历史事件的集合，也不再与自然界相对立。

---

① 《马克思恩格斯选集》第1卷，北京：人民出版社2012年版，第171页。

全媒体时代的精神生产活动及其反思——基于马克思主义的研究视角

在马克思对物质生产的强调中，我们得出一个"悲观"的结论，即马克思似乎绝不允许"精神"这样的概念介入到自己的理论中，尤其不能容许其成为历史观的范畴。这样一来，对于解释者来说，马克思的精神生产如何可能？即是说，如何从马克思经典著作中，在马克思的生产逻辑中，建构出一套自洽的精神生产理论。

我们不能否认马克思反感黑格尔式的精神概念并代之以物质，但是这并不意味着马克思不再采用精神生产这样的术语。事实上，在不同时期的文本中，马克思都或多或少提及了精神生产这样的术语。例如在《神圣家族》讨论劳动时间对生产活动的决定性作用的时候，马克思提及"甚至精神生产也是如此"[①]。但无论如何，马克思对黑格尔式历史观的批判都不可能使之与其共享同样的"精神"观念，而是在某种程度上重新定义了这个概念。

马克思精神生产中的"精神"概念并非黑格尔意义上的。这是因为黑格尔的绝对精神概念造成了一个严重的后果。黑格尔不仅将其逻辑学—哲学体系的发展归结于绝对"精神"这一总体性的概念，而且将古希腊以来的哲学史发展归结于这一概念。然而黑格尔所宣称的哲学和历史的一致性使得人类历史发展的终点被设定为对这个绝对精神观念的认识，而且黑格尔又将自己的哲学视作这种认识的结论，因此"黑格尔体系的全部教条内容就被宣布为绝对真理，这同他那消除一切教条东西的辩证方法是矛盾的"[②]。取而代之的是马克思将精神内在化为一个费尔巴哈式的唯物主义范畴。马克思认为，费尔巴哈"在一定阶段上同自己的这位先驱者的唯心主义体系完全决裂了"[③]，认识到黑格尔的绝对精神实际上是先于世界存在的逻辑范畴，实际上是对世界之外的造物主的信仰的虚幻的残余；而对于唯物主义世界观来说，世界是现实的，即由可感的物质组成的。即便看起来超越感觉的意识和思维，也是人脑这个肉体器官的产物，也是物质的。也即是说，在费尔巴哈那里，精神

[①]《马克思恩格斯文集》第1卷，北京：人民出版社2009年版，第270页。
[②]《马克思恩格斯选集》第4卷，北京：人民出版社2012年版，第224页。
[③]《马克思恩格斯选集》第4卷，北京：人民出版社2012年版，第233页。

实际上是一种可感的物质，甚至是物质的最高产物。马克思继承了费尔巴哈唯物主义世界观对精神概念的改造，将精神看作内在于世界的历史概念，并且在此基础之上将精神置于生产范畴之上，形成了"精神生产"概念。具体而言，这种精神生产就是指精神产品的生产，就是诸如"确定某种精神作品的规模结构和计划"①的活动，以及诸如"观念、思想等等的生产"②活动。

尽管我们承认马克思的精神和物质在解释历史过程中难以兼容，但幸好精神的生产和物质的生产，即当其同归于生产逻辑中时，并非非此即彼的否定关系。而这一点恰恰使得精神生产得以可能。物质的和精神的是欧洲现代哲学的经典二分法，其源自笛卡尔的身心二元论。笛卡尔从身体和心灵这两个实体的角度奠定了此后几百年的哲学论述框架，而随后的康德、费希特、黑格尔等德国观念论者则在继承此划分的基础上，更侧重心灵的形式的研究。而到了马克思生活的那个年代，通过对精神生产概念谱系史的研究，我们会惊讶地发现，学界流行的那种将物质生产和精神生产对立起来的观点，在严格意义上来说，并不首现于马克思的论著当中，而是体现在其同时代的政治经济学家的著作中。弗里德里希·威尔海姆·舒尔茨（Friedrich Wilhelm Schulz），是与马克思同时期的德国思想家，他笔下的生产范畴"在马克思思想转变过程中扮演着不可或缺的角色"③。1843年，舒尔茨在其发表的《生产的运动：对建立一种国家与社会的新科学的历史的、统计学的探讨》一书中，从精神生产和物质生产两个角度描述了人类创造的过程，并指出这两者具有同样的规律性。与同一时期的马克思相同，舒尔茨的物质生产概念无疑继承自亚当·斯密的分工理论且将其视作社会历史发展的决定性因素。但舒尔茨将物质生产概念抽象化为整个物质世界的一般范畴的同时，也将精神生产抽象化。舒尔茨指出，精神生产的规律就是精神世界生活中有意义的关系

---

① 《马克思恩格斯文集》第1卷，北京：人民出版社2009年版，第270页。
② 《马克思恩格斯文集》第1卷，北京：人民出版社2009年版，第524页。
③ 李乾坤：《"舒尔茨的〈生产的运动〉：青年马克思生产范畴形成的重要坐标"》，《哲学研究》2017年第11期。

"被把握并因此变成了持存的精神财产"①,且其将宗教这种人的激情和渴望看作精神生产王国中的第一个成果。而马克思显然没有将精神生产置于如此之高乃至与物质生产对等的地位以共同书写历史的过程中。

与舒尔茨将物质和精神的对立这种强关联性不同的是,在马克思理论语境中,精神生产与物质生产之间的关联性弱化了很多。这一点主要体现在两处文本中。首先是在1859年的《政治经济学批判》的序言中,马克思在论及其研究成果时提及"物质生活的生产方式制约着整个社会生活、政治生活和精神生活的过程"②。马克思在此强调,在人的生活中物质生活的生产方式,即物质生产成为最基础的要素。而且这些物质生产关系的总和构成了现实生活的经济结构。无疑,马克思的政治经济学批判以及历史唯物主义都围绕着物质生产的形式或历史发展展开,但同样在此,马克思也暗示了人类精神生活的存在性。马克思将人类的生活一分为三,其目的在于一方面指出与物质生产对应的"社会生活",另一方面也指出物质生产的总和之上有两方面内容:其一是法律的和政治的上层建筑,这对应着上引文中的"政治生活";其二就是与物质生产相适应的某种社会意识形式,而这一点则对应着人的"精神生活"。这些社会意识形式取决于社会生产中的物质生产关系。或者用马克思的原话说就是"人们的社会存在决定人们的意识"③。

如果我们将马克思这里的社会意识形式视为人的精神生产的主要内容和对象,毋宁说社会生产就是某种社会意识形式的生产过程。那么就不得不追问这里提到的**社会意识形式**到底是什么。实际上,早在马克思青年时期写就的《德意志意识形态》中的一个段落中就提及过相关问题,并且明确使用了精神生产(geistige Produktion)这一术语。马克思指出:"思想、观念、

---

① Schulz, F. W., 1843, Die Bewegung der Production, Eine geschichtlich-statistische Abhandlung zur Grundlegung einer neuen Wissenschaft des Staates und der Gesellschaft, *Zürich und Winterthur*, S. 11. 转引自李乾坤:《"舒尔茨的〈生产的运动〉:青年马克思生产范畴形成的重要坐标"》,《哲学研究》2017年第11期。

② 《马克思恩格斯文集》第2卷,北京:人民出版社2009年版,第591页。

③ 《马克思恩格斯选集》第2卷,北京:人民出版社2012年版,第2页。

意识的生产最初是直接与人们的物质活动，与人们的物质交往，与现实生活的语言交织在一起的。人们的想象、思维、精神交往在这里还是人们物质行动的直接产物。表现在某一民族的政治、法律、道德、宗教、形而上学等的语言中的精神生产也是这样。"①

这段话历来是学界对马克思的精神生产概念和理论的常用注脚。但具体分析这段话不难看出意识形式就是所谓的思想和观念，就是个体的思维成果。但是个体思维可以只存留在个人脑海中，也可以用语言、文字的方式表达出来以实现与其他人的交流。因而，个人的思想和观念不等于社会意识形式，而只是意识形式的一般范畴。真正使得社会意识形式得以可能的条件就是马克思这里提及的必须体现在某一民族的某种语言中。而这也是马克思在引文中对精神生产概念加以限定的意义所在。因为当人的观念和思想只停留在脑中的时候，很容易就滑向某些观念论者的基本前提，即肯定某种独立于人的身体而存在的精神世界。

也就是说，马克思的精神生产是精神产品的生产，是观念、意识的生产，而根据前引文，观念和意识等精神产品的生产有两个特殊的属性。其一是生产者的社会性。从广义上说，这种社会性意味着精神生产的处境是居于个体之间交往着的社会之中。它源自生产者的处境。在马克思看来，精神生产者是现实的人、具体的人，而"人不是抽象的蛰居于世界之外的存在物。人就是人的世界，就是国家，社会"②。这意味着，居于社会中的个人是现实的个人，既非抽象的哲学（伦理学）中的人的观念，也不是《鲁滨逊漂流记》中的主人公那样是孤独存在着的原子化个体，而是必然要与其他个体产生交往的处于某种共同体之中的个体。因而在社会中的个体间交往既成为生产本身的前提也成为精神产品的旨归。精神生产活动就是为了与其他个体交往而产生的生产，精神生产的产品也是为了与他人交往而生产出来的。

就狭义而言，精神生产必须处于某个政治共同体中。这也是上引文中

---

① 《马克思恩格斯文集》第1卷，北京：人民出版社2009年版，第524页。
② 《马克思恩格斯文集》第1卷，北京：人民出版社2009年版，第3页。

"……表现在某一民族的……"的含义。尽管这里马克思指出民族性对精神生产的必要限制，但实际上这里的民族性指的就是政治共同体这一狭义的社会概念。马克思所处的时代正是民族国家兴起的年代，因此马克思无论是在生产逻辑中还是在政治经济学批判、宗教批判等问题上，都谈论我们民族如何、各民族如何，并以此代指与其对应的现实中的或想象着的民族国家。例如，在论及各民族区别尤其和革命不同亲缘关系的时候，马克思指出，"德国人，信仰基督教唯灵论的民族，经历的是哲学革命；法国人，信仰古典古代唯物主义的民族，因而是政治的民族，必须经过政治的道路来完成革命"[①]。实际上在马克思那里，法国民族就是以法兰西共和国这一政治共同体形式出现的民族国家，而德国民族就是由德意志诸多地区组成逐渐成型的国家。而之所以用民族这一术语，实际上更能体现出其所共同拥有的特征。法兰西民族、德意志民族以及英吉利民族的差别一是在形成了或试图形成不同的民族共同体，即不同的民族国家。尽管其性格、表现特征不一，各民族间另一个显著的区别则在于其分别具有统一的语言。法国人的现代语言是巴黎方言形成的法语；英吉利人的现代语言是伦敦地区语调主导的英语。而这一点恰好就是精神生产的另一个属性——语词性。

所谓语词性就是指上引文中所言的无论是政治、法律还是道德、宗教、形而上学的精神产品都必须依赖语言形式表现出来。个体的生产者为了交往而生产出来的社会意识形式尽管属于不同层面，但其生产结果都必须借助语言形式，否则无法实现主体间性间的统一。对于政治层面来说，无论政治参与者所提出的观点及诉求，还是政治思想家谋划的政治体制和形态都必须用语言表达出来以更便利的与政治共同体中的他者交流；对于法律层面来说，无论人所制定的何种法律、法规都必须以条文的方式呈现，不仅体现在语言中，还往往以成文法的形式体现在文字中，只有这样才能最大程度地有法可依、有据可查，实现法律的公正性；对于道德层面的精神产品而言，任何道

[①] 《马克思恩格斯文集》第 1 卷，北京：人民出版社 2009 年版，第 89 页。

德教化要么借助于口耳相传的语言，要么借助于道德规范的成文约定，只有这样道德及其规范性效果才最大化。同样对于宗教层面的精神产品而言，宗教教义也是形成语言或文字的精神产品，甚至基督教在历史上因为信仰文字教义（因信称义）还是宗教组织用语言宣传的教义进行过争辩。对于形而上学等哲学精神产品来说，其本身的目的就是探究宇宙和万物的规律和法则，尽管其探寻的目标在某种形而上学语境中是不可道的，但形而上学家们一旦介入这样的思考，一旦试图将自己的学说公布出来或与其他形而上学家交流、争辩，那么即便不可道的形而上学实体也被谓述着。可以说，马克思精神生产的语词性实际上体现在精神产品的最终表达上。这种表达也从某种程度上暴露出其与物质之间的关系。马克思将语言看作一种物质性的存在，而精神生产中的"物质在这里表现为振动着的空气层、声音，简言之，即语言"①。因而精神生产并不是纯粹意识内部的产物，而具有有限的物质性。

对于当今时代的马克思主义解释者来说，马克思对精神生产这一规定很容易造成一种困惑。如果说按照马克思对精神生产的规定，只有表现为语言的社会意识形式的生产才属于精神生产的范畴，那么当我们考察以绘画、雕刻为代表的艺术时这种困惑就显现出来。如果从界定的方式上看，无论是绘画还是雕塑，抑或是其他今日常见的艺术形式，似乎都可以不必借助于语言表现，而是可以通过色彩、图像甚至行动来表现。艺术的目的也不是为了生产而是为了情感的宣泄和审美。而且从艺术创作者的角度来说，似乎其也不一定具有社会性。艺术创作家似乎可以遗世而独立，不必与其他个体产生任何交际。这样一来艺术就不应该算作精神生产的方式。但是马克思在其著述中又暗示艺术"是生产的一些特殊的方式，并且受生产的普遍规律的支配"②，而且将其与宗教、道德、法律、形而上学并列起来看作意识形态的一种。那么，艺术能否算作精神生产范畴？以往的马克思主义解释者在面对这

---

① 《马克思恩格斯文集》第1卷，北京：人民出版社2009年版，第533页。
② 《马克思恩格斯文集》第1卷，北京：人民出版社2009年版，第186页。

一问题时是将艺术的异化形式看作某种生产方式。如本雅明将资本主义时代的艺术看作以物质生产的方式而进行批判。这种发扬马克思的生产逻辑的解释既不能回到马克思的精神生产理论的本质规定,又不能真切地探究艺术本身在马克思那里的真实意蕴。实际上,艺术就其创作过程来说并不属于精神生产,但是对艺术的观念的形成属于精神生产。马克思对精神生产所包含的诸多范畴的引用来自黑格尔,因而当黑格尔将艺术当作意识的形式纳入其精神现象学中的时候,马克思无意识地继承了这种划分方式,而只是将艺术范畴从精神史的话语中解脱出来,转入生产逻辑话语中。因而艺术就成为生产的一种方式。但是这里所说的艺术并非是在现实中艺术家的创造性活动,毋宁说是在艺术创作过程之前艺术家头脑中一系列概念的形成以及艺术创作之后与其他个体交往中的艺术概念的形成。这种艺术生产方式并非像普通常识语境中的艺术创造,而是在创作前概念的成型,因为严格意义上的艺术创作不会形成概念,而只是在现实的环境中感情宣泄和灵感的迸发。但任何艺术家都不可能不依赖于概念和观念完成艺术,而且艺术评论也需要概念和观念界定艺术家的作品。因而在此意义上,艺术成为一种特殊的精神生产方式。

艺术这一特别的精神生产方式使我们注意到马克思精神生产概念还有第三个规定——内在性。这里的内在性涉及人的意识,但不再是黑格尔那里的朝向精神不断发展着的意识,而是泛指人脑中形成的观念和概念等意识形式。内在性与现实性相对。物质生产是处于外在于人自身的现实领域中的生产,即在现实生活中的能够被人的感觉感知到的生产方式,而精神生产首先是人脑中观念和概念的形成,在其未被外化成语言表现出来之前,其只在人的头脑内部发生。以艺术这一特殊的精神生产活动为例,艺术之所以成为精神生产范畴的一个种类,就是因为生产者在创作前有着明确的概念形成,而这种概念被创作者在头脑中理解并被改造成一系列表现出来的艺术作品。正如马克思所言,"植物、动物、石头、空气、光等等,一方面作为自然科学的对象,一方面作为艺术的对象,都是人的意识的一部分,是人的精神的无机界,是人必须事先进行加工以便享用和消化的精神食粮"①。艺术家的创作针对外部世界的概念，并将这一概念认识深化并赋予之独特的含义，而这一切都是在个体的头脑中以意识的形式完成的。

精神生产的内在性规定带来的一个推断就是生产者难以用社会化组织的形式进行概念和观念的生产。因为任何两个或多个个体之间的意识是不能够同时进行生产的，任何两个或多个个体在同一时刻对同一概念的理解都是不同的。而生产者只有以个体身份才能参与到精神生产过程中，这样一来马克思在物质生产中所强调的分工就不适用于这种精神生产的最初形式。但这并不意味着在马克思那里精神生产就与任何组织无关。精神生产的产品在一定程度上能够形成共识，进而形成具有组织化的形式。这就是马克思的意识形态理论所包含的内容。马克思称其时代的某些理论家和哲学家为意识形态家（例如其时代的黑格尔主义者），并在相关著作中对德意志的一般意识形态进行批判。但马克思并没有放弃这个范畴。马克思的意识形态是指一系列人所具有的共识性的观点的集合，并且赋予其阶级范畴（我们将在第四章详细讨论相关理论）。精神生产具有的社会性使其表现在语言之中的语词具有了社会性。而马克思用阶级范畴去认识其所生活的时代的同时，也就使得精神生产的产品具有了阶级属性。因而不同个体既然具有形成同一个阶级的可能，那么无论是在社会分析中还是在历史与现实的实际情况中，同一阶级的个体所具有的意识形态就是具有某种共通性。或者说，某阶级的意识形态就是某个阶级的个体语词的集合，就是其精神生产成果中所达成的共识。这里之所以说阶级能够划分意识形态，是因为相较于黑格尔主义的意识形态家们"仅仅反对这个世界的词句"而非"反对现实的现存世界"②，马克思所指的意识形态则是能够反映出从事实际活动的人的生活过程。也就是说，马克思意识形态的现实性促使其能够超越精神产品的语词特征，反映出现实社会的面貌。因而，马克思说"道德、宗教、形而上学和其他意识形态，以及与它们相适

---

① 《马克思恩格斯文集》第1卷，北京：人民出版社2009年版，第161页。
② 《马克思恩格斯文集》第1卷，北京：人民出版社2009年版，第516页。

应的意识形式便不再保留独立性的外观了"①。意识形态反映现实的人的生活，而不同生活的个体决定着不同人具有的意识形式。因而当社会中的个体被以阶级范畴加以划分的时候，自然受到其决定的意识形式也就具有某种阶级特征。例如在分析1848年革命失败原因时，马克思提及小资产阶级和农民阶级的意识形态，并指出其代表者和代言人就是学者、律师、医生等专门人才。②马克思对意识形态的划分不止于此，从横向上说，意识形态在阶级内部出于职业分工而独立化为宗教、道德、法律、政治等等形式③；从纵向上说，意识形态随着历史的发展而不断变化。马克思指出："中世纪的历史只知道一种形式的意识形态，即宗教和神学。但是到了18世纪，资产阶级已经强大得足以建立他们自己的、同他们的阶级地位相适应的意识形态了。"④

综上所言，我们在马克思的生产逻辑中探究了精神生产这一在马克思那里并不看重的概念以及并不经常使用的术语是如何能建构出整套马克思精神生产理论。有幸通过对核心文本的解读以及必要背景资料的补充，我们已经得出一系列足以构成马克思精神生产理论的基础，这就是对精神生产的定义和限定。精神生产就是观念、概念等社会意识形式的生产。其具有三个特征：从生产者而言，具有社会性特征；从生产结果而言，具有语词性特征；从生产环境而言，具有内在性特征。

第三节 实践哲学视域下的精神生产

在前两节中，我们回顾了马克思经典论著中关于生产逻辑的部分，并论证了一种精神生产理论何以可能，最终确定了精神生产的含义及其三个特征。

---

① 《马克思恩格斯文集》第1卷，北京：人民出版社2009年版，第525页。
② 参见《马克思恩格斯文集》第2卷，北京：人民出版社2009年版，第81页。
③ 参见《马克思恩格斯文集》第1卷，北京：人民出版社2009年版，第586页。
④ 《马克思恩格斯文集》第4卷，北京：人民出版社2009年版，第289页。

但是，对马克思的精神生产的反思与建构并没到此为止。因为当我们带有明显的意图去经典著作的作者那里寻求某种未言明的理论，并借助其文本以最大程度地使其自洽并获得解释现实之时，我们要做的就不只是从文本到文本的历史考究，也不能说从概念到概念的哲学思辨，而是首先在解释现实之前解释清楚理论自身。

工欲善其事，必先利其器。作为一种理论武器的精神生产必须置于某种解释话语中才能揭去其面纱，显露出其内在意蕴，最终实现从文本到理论的实质性飞跃。而对于精神生产这一理论来说，最适合也最有效的解释话语就是实践哲学的视域。

实践哲学的视域正如其名称所强调的那样是关于"实践"的哲学反思过程中形成的一系列观点、立场与视角的总和。这里所说的"哲学"反思有别于常识意义上的思考。尽管按照马克思对精神生产的定义，无论从何种角度思考精神生产这一理论都是一种思想者的精神生产活动。毋宁说，精神生产理论的反思本身就是精神生产的二阶行为。而在精神生产的反思过程中哲学方式生产出来的是表现在语言中的哲学意识，而日常的反思则不足以构成哲学范畴的精神产品。具体而言，实践哲学的思考与一般的思考差别在于"其结论所依据的必要前提中至少有一部分是无法得自经验的，只能以思辨的方式去把握"[①]。而实践哲学作为西方哲学史中的重要议题，历来离不开某种先验的思辨概念。

实践哲学起源自古希腊思维中天生就有的实践本能。柏拉图预设了某种制作者（homo faber）以理念（eidos）为原型去理解和改变世界。亚里士多德则是将所有具体的可感事物当形式（eidos）和质料结合的结果，并将其逻辑化。也就是说，用这种思维解释世界的过程中就蕴含着试图改变世界的实践密码。如果我们从最广义的实践定义出发，即将实践看作"人的由其意志

---

① 徐长福：《实践哲学的基本问题、学理规定、当代境遇与学科重建》，《现代哲学》2021 年第 6 期。

所发动的行动"①的话，那么从亚里士多德开始，不同哲学家就已经或多或少地讨论实践问题。亚里士多德将实践看作与理论（theoria）和创制（poiesis）相对的人的某种伦理和政治活动，并探究了作为实践目的的善。奥古斯丁从意志论的角度探究人的实践活动的动机；笛卡尔在身心二元论框架中探究实践的结构；培根从技术角度赋予实践概念以新的内涵；康德将合规范性的实践的根源归于意志的自由，以此赋予人的尊严；黑格尔则是将历史维度付诸于人的实践，增加了实践在经验上的内涵……而从学术研究范式的角度来看，整个西方哲学史有五种实践哲学进路，分别是以柏拉图—黑格尔为代表的观念论进路、以亚里士多德—康德为代表的伦理学进路，以卢卡奇、葛兰西等西方马克思主义者为代表的本体化进路，以海德格尔为代表的生存论进路以及以福柯、利奥塔、德里达、罗蒂等后现代主义者为代表的后现代进路。②

  与这些哲学家相比，马克思也涉及实践问题的讨论，并提出了一种新的研究进路。马克思对实践的强调最早体现在其对德意志意识形式的坚决反抗，即对黑格尔思辨的法哲学的批判中。马克思反对西方观念论哲学传统以理论中的原则一以贯之且无条件地应用到具体的实践中来的方式，指出"批判的武器当然不能代替武器的批判"③。哲学理论作为一种批判的武器不能取代现实的变革实践，而理论必须在掌握群众的基础上获得物质性，必须在实践中检验其彻底性，即证明其实践的能力。与理论应用到实践的传统模式不同，马克思提出理论必须经受检验，必须检验实践能力。这种对实践维度的强调亦体现在马克思的宗教批判中，他写道，"实际需要的宗教，按其本质来说不可能在理论上完成，而是只能在实践中完成，因为实践才是它的真理"④。

----

① 参见徐长福：《实践哲学的基本问题、学理规定、当代境遇与学科重建》，《现代哲学》2021年第6期。
② 参见徐长福：《走向实践智慧——探寻实践哲学的新进路》，北京：商务印书馆2020年版，第14—25页。
③ 《马克思恩格斯文集》第1卷，北京：人民出版社2009年版，第11页。
④ 《马克思恩格斯文集》第1卷，北京：人民出版社2009年版，第53页。

而到了《关于费尔巴哈的提纲》中，马克思重新赋予实践概念以特殊的内涵。马克思将实践看作其所秉持的那种特殊的唯物主义的出发点。他写道，

> 从前的一切唯物主义（包括费尔巴哈的唯物主义）的主要缺点是：对对象、现实、感性，只是从客体的或者直观的形式去理解，而不是把它们当做感性的人的活动，当做实践去理解，不是从主体方面去理解。因此，和唯物主义相反，唯心主义却把能动的方面抽象地发展了，当然，唯心主义是不知道现实的、感性的活动本身的。"费尔巴哈想要研究跟思想客体确实不同的感性客体：但是他没有把人的活动本身理解为对象性的［gegenstndliche］活动。"①

可以看出，马克思的实践既非伦理—政治意义上的，也非工具—技术层面的，而是涉及更为广泛的内涵。马克思的实践概念是包括人的所有的感性活动。在马克思看来，恰恰是这一点使得其与费尔巴哈式的唯物主义和唯心主义区分开。马克思的唯物主义的特殊性就是以实践为对象去研究现实的人。

在马克思主义解释史中，马克思对实践问题的研究及相关理论著述往往被早期西方马克思著作的解释者称作"实践哲学"。尽管其往往出于某些误读或基于不完备的文献资料，但无论是克罗齐、金蒂莱这样的基于对马克思某种理论的观念论式的解释而提出的实践哲学研究，还是拉布里奥拉、葛兰西对作为实践哲学的历史唯物主义的继承性发扬，以至于后来的布达佩斯学派对实践哲学的本体论化解读，实践概念及其相关问题都成为马克思主义研究中的显而易见的论题。

与国外马克思主义解释者有别，我国马克思主义研究学界将马克思关于实践问题的论述和立场称作"实践唯物主义"或"实践的唯物主义"以有别

---

① 《马克思恩格斯文集》第1卷，北京：人民出版社2009年版，第499页。

于"辩证唯物主义"和"历史唯物主义"。改革开放之初,鉴于第二国际和苏联教科书体系对马克思主义僵化、教条的解释,中国马克思主义学者以实践问题作为马克思主义研究的核心问题和切入点,提出了一系列关于实践唯物主义的长达十数年的讨论。这场讨论之所以历久不衰是因为其切中了"决定论与能动论之间的张力这一马克思主义哲学的根本问题"[①]。

无论国外学界还是国内学界都将实践作为马克思主义的基本范畴甚至是核心范畴,并由此引发马克思的实践哲学理论的讨论。这样一来。根据马克思对实践概念的规定以及其理论诉求,以实践哲学视域研究精神生产似乎就成为可能的了。

之所以采取这样的视域来解释精神生产理论,既是因为其符合马克思本人的基本立场,也因为其实践概念与生产逻辑的相关性。马克思哲学的出发点既非自然主义,也非神秘主义,而是人本主义。这种人本主义意味着,人成为马克思哲学所预先设定的先验范畴。其先验性亦是使得其理论和思想成为哲学的根源。但是马克思的立场无疑是从"人"的概念出发。但与亚里士多德从"种"和"属差"的方式定义人的概念不同,也与现代观念论将人抽象化为意识有别,马克思不寻求先验地规定人的属性和自我关联,而是指出人的处境是现实的,因而是现实的人。这样一来,马克思的生产逻辑就能嫁接到这种人本主义的立场之上,将生产的主体视作现实的人,进而使得生产具有了现实意义。也在这样的意义上,马克思的实践哲学视域所体现出来的人本主义立场符合了马克思经典文本中生产逻辑的根本立足点。毋宁说,两者的着眼点和根本归宿属于同样的维度,都是探究现实中的人的生活。只不过,生产逻辑探究的是人的物质生产生活以及人的精神生产生活,而实践哲学视域囊括人的所有感性的活动,涉及人的各种生活形式。

另一方面,马克思为实践概念赋予范畴,使其与生产概念以及劳动概念

---

① 王南湜:《改革开放40年中国马克思主义哲学发展理路之再检视》,《社会科学战线》2018年第11期。

之间的内涵有所交集。马克思实践概念在实质上涉及两个重要部分，即"劳动在价值上的实践化"以及"实践在本质上的生产化"①。如果基于亚里士多德对实践的界定，创制是以生产者之外的物为对象的过程，而实践是以生产者自身为目的的活动。而到了马克思的政治经济学批判的语境中，劳动一方面在内涵上兼具这两者（毋宁说混淆了这两者的界限）而使其外延丰富了，而在内涵上劳动又被马克思抽离出其他属性，而只留下可被价值化的一般劳动概念。这一抽象的劳动概念是马克思对其时代资本主义生产方式批判的起点，恰恰是劳动所体现出来的生产价值和交换价值，其才能被商品化，进而进入社会再生产以及资本流通的领域中。在这样的分析中，物质生产作为劳动者换取其必需的物质生活资料的手段成为马克思生产逻辑的主要研究对象。而将劳动、生产、实践概念交互使用的马克思则进一步完成了实践的生产性转化，从而彻底打破了亚里士多德三分法的藩篱。亚里士多德着重强调的实践的非生产性足以为人的城邦生活以及城邦外的精神世界留足独立的空间。而马克思所赋予的劳动乃至实践的生产性不仅决定着政治生活，也从某种意义上决定着精神生活。这样一来，当实践具有了生产性的同时，作为生产的活动也可被归类为实践。尽管与马克思在论述中多次强调的物质生产有着天壤之别的地位，但精神生产就其作为生产活动而言具有了实践意义和地位。因此，精神生产本身就是实践的一种特殊形式，就是对象化了的感性活动的一种特殊形式。

这样一来，从实践哲学视域下探讨精神生产理论首先就要回答，从现实的人的立场出发，精神生产是一种什么样的实践活动呢？

对于探究实践问题的学者而言，实践问题难以被演绎出来，却可以被描述出来。因而我们尽管可以对实践概念加以界定，也可以勾勒出实践哲学的理论，但对于现实生活中的实践活动却难以用概念的方式论证和推理。但好在基于实践是一种目的导向的活动，我们"可以从达到目的这个结果出发，

---

① 徐长福：《走向实践智慧——探寻实践哲学的新进路》，北京：商务印书馆2020年版，第95页。

全媒体时代的精神生产活动及其反思——基于马克思主义的研究视角

反过来检索出所需要的条件"①。对于精神生产这一类特殊的实践活动来说，这种研究方式使得我们不得不首先回答，出于什么样的目的或满足什么样的条件，这些实践的主体才足以发起精神生产这样的实践活动。

这里有必要说明，按照人们的日常生活和未反思的常识，貌似人时刻都在精神生产，甚至那些精神不正常的人都可以形成主观的观念和意识。甚至来说，是否具有意识在当今的医学中就是判断一个人是否具有生命体征的一项重要指标。这种见解实际上片面地注重精神生产的主观方面，而忽视了精神生产的客观方面。按照上一节对精神生产的特征的探究，从生产结果而言，精神生产具有语词性，最终以语言为表现形式。这意味着在精神生产活动中，语言尽管来自实践主体，但其是客观存在的。即便在失语症患者那里，尽管不能用真实的可听的语言表达出来，但这并不意味着这种潜在的语言不存在，而借助一系列技术手段，这种语言可以被视觉化、触觉化乃至更高级的通感。恰恰是出于这一点，马克思才提及精神生产是人的物质活动的直接产物。马克思所说的物质活动就是指人们在现实生活中借助客观存在的语言进行的交往活动。

鉴于语言的客观性以及语言的交往功能，不难发现精神生产活动也有着独特目标。语言作为精神生产产品的物质表现形式不仅仅是这一生产过程的外在化成果，也是生产者所欲求的对象之一。就像我们永远叫不醒一个装睡的人一样，我们也永远听不到一个装哑的人说话。正如马克思所言，"语言也和意识一样，只是由于需要，由于和他人交往的迫切需要才产生的"②。一个本可以说话的人，一个现实生活着的人，一个思维着的人，如果不想说话（即便是喃喃自语），那么作为同时在场的他者永远无法听见其嘴里发出的声音，更不用说实现有效的主体间的交往。反过来说，只有为了获取与他者交往的需要，精神生产活动才得以可能。

---

① 徐长福：《实践哲学的基本问题、学理规定、当代境遇与学科重建》，《现代哲学》2021年第6期。

② 《马克思恩格斯选集》第1卷，北京：人民出版社2012年版，第161页。

在上一节中，精神生产得以可能依赖于从马克思经典文本中分析出的三个限定条件；而在实践哲学视域下，作为一种实践活动的精神生产得以可能，就是要依赖于这种满足现实生活着的人的原初的交往需要。

需要是马克思生产逻辑中的重要概念。但是正如重点强调的是物质生产概念那样，马克思对需要概念的论述首先也是以劳动这一物质生产活动为依照的。在《1844年经济学哲学手稿》中，马克思以劳动概念为论述对象，不仅将需要看作界定着劳动的关键概念，也将需要看作劳动与异化劳动之间的界限。在他看来，劳动是"满足一种需要即维持肉体生存的需要的一种手段"①。但现实中并非所有的劳动都符合马克思的定义。马克思所言及的劳动只是自愿的劳动，而作为异化状态的强制劳动"只是满足劳动以外的那些需要的一种手段"②。这一时期马克思之所以如此看重需要概念，不仅是对费尔巴哈理论的某种继承，而是出于人本主义的基本立场——马克思不仅将人的需要看作人的本性，并以需要的多样性作为人与动物的区别。③ 而在其晚年的政治经济批判中，马克思不仅延续了需要和劳动之间的关联性且赋予了其新的中介。在《资本论》（第1卷）中，马克思从商品的角度出发，将商品定义为"一个外界的对象，一个靠自己的属性来满足人的某种需要的物"进而引入了需要概念。但是马克思并不主要关注需要的性质以及"物怎样来满足人的需要"④，而是侧重于包含在商品中的需要能够被满足的来源——劳动活动。恰恰是人的劳动活动制造出具有使用价值的物，物才有可能商品化。用马克思的话来说就是劳动者"为了把自己的劳动表现在商品中，他必须首先把它表现在使用价值中，表现在能满足某种需要的物中"⑤。因此，商品之所以能够满足需要来自其所具有的使用价值。而正是在使用价

---

① 《马克思恩格斯文集》第1卷，北京：人民出版社2009年版，第162页。
② 《马克思恩格斯文集》第1卷，北京：人民出版社2009年版，第159页。
③ 参见《马克思恩格斯文集》第1卷，北京：人民出版社2009年版，第162—163页。
④ 《马克思恩格斯选集》第2卷，北京：人民出版社2012年版，第95、96页。
⑤ 《马克思恩格斯文集》第5卷，北京：人民出版社2009年版，第207页。

值这个概念引入之后，马克思重新将作为生产实践的劳动活动定义为"制造使用价值的有目的的活动"并描述了其本质在于"人类的需要而对自然物的占有"①。

如果说马克思在早年只是在劳动和需要之间建立起直接的关联，从而凸显出劳动的动力因，那么马克思对劳动活动的重新定义则为了凸显其目的因。从动力因看，劳动只是满足人的日常饱腹安暖之需要；而从目的因来看，劳动活动所满足的需要从主观方面来说是劳动者**占有**自然物的体现，从而使得人的劳动具备了人与自然之间的交换关系的向度；从客观方面来说是作为劳动的生产资料的自然物具有了使用价值，从而使得人的劳动具备物与物之间主观的交换向度。这里所说的主观的交换向度不过是指人对自然的制造关系的实质在于赋予自然物以满足人的需求的使用价值，而人也同时占有了自然物；而客观的交换向度则是指劳动者"不仅要生产使用价值，而且要为别人生产使用价值"②，以通过劳动产品的交换过程实现使用价值的交换，而作为商品的劳动产品，"在它生产出来以后就必须卖掉，而且只有在卖掉以后，它才能满足生产者的需要"③。

不同时期的马克思从不同的侧重点出发赋予了需要和劳动之间的关联性，并将其应用到不同的批判领域中。马克思早年对劳动的界定应用到历史批判中。马克思不仅将人"吃喝住穿以及其他一些东西"④看作第一个历史活动——生产物质生活本身的出发点，而且将全部的历史发展看作"使'人作为人'的需要成为需要而作准备的历史"⑤。而马克思晚年的政治经济学批判中对劳动活动的描述性分析则进一步应用到资本主义的批判中。在他看来，简单的商品流通就是为了满足人的需要而非以流通本身为目的，而资本主义

---

① 《马克思恩格斯文集》第5卷，北京：人民出版社2009年版，第215页。
② 《马克思恩格斯文集》第5卷，北京：人民出版社2009年版，第54页。
③ 《马克思恩格斯文集》第5卷，北京：人民出版社2009年版，第196页。
④ 《马克思恩格斯选集》第1卷，北京：人民出版社2012年版，第158页。
⑤ 《马克思恩格斯文集》第1卷，北京：人民出版社2009年版，第194页。

社会中作为资本的货币的流通就是以流通为目的，因为恰恰"在这个不断更新的运动中才有价值的增殖"①。

尽管马克思多次论及需要和物质生产的劳动的亲缘关系，但是需要能否与精神生产活动相关？能否将精神生产活动界定为满足人的某种精神需要的活动呢？要回答这个问题可以去探究马克思那里的需要是否包含某种精神需要。从文本上说，答案是肯定的。且不说马克思继承了亚当·斯密的观点，即为了民族精神生活的发展，"首先必须有能够进行精神创造和精神享受的时间"②，而且马克思自己也强调"工人必须有时间满足精神需要和社会需要"③。马克思所暗示的精神需要具体体现在共产主义运动中。在他看来，共产主义者联合起来时，"首先把学说、宣传等等视为目的"④，因而产生了一种新的需要，即交往需要。然而遗憾的是，尽管马克思指出交往需要作为精神需要的应用维度，但没有形成以这一概念为核心的理论，也没有对其加以限定。

但从实践哲学视域来看，如果我们从马克思对物质生产的规定来类比精神生产的话，那么交往需要恰恰是精神生活的出发点。人的精神生产活动归根到底就是概念和观念的生产并外化为语言的活动。而这一活动的意图就是使得精神生产的产品具有某种使用价值以满足人的需要。正如我们日常生活所经验着的那样，语言一旦被生产出来自然而然就是被使用着的，因而自然而然地就具备了使用价值。精神生产产品的使用价值远不止于此，因为上面的观点只是考虑了简单的精神生产模式，将生产者同一于使用者，而忽略精神生产的社会性限定。而真正的精神生产是社会化的过程，因为精神生产活动所要满足的需要是一种非常特殊的需要类型。其与物质生产活动中索要满足物的用具性不同，精神生产活动所要满足的需要是交往。交往先天（a priori）

---

① 《马克思恩格斯文集》第 5 卷，北京：人民出版社 2009 年版，第 178 页。
② 《马克思恩格斯文集》第 1 卷，北京：人民出版社 2009 年版，第 125 页。
③ 《马克思恩格斯选集》第 2 卷，北京：人民出版社 2012 年版，第 190 页。
④ 《马克思恩格斯文集》第 1 卷，北京：人民出版社 2009 年版，第 232 页。

就设定了**主体间性维度**，即设定了多个主体之间的相关性，尽管有些情况下其中的一个或多个主体并不在场。

如果我们考虑上一节中对精神生产概念的限定，我们就会发现精神生产是一种非常特殊的活动。精神生产者的社会性意味着这一活动有一种先天环节，即设定复数主体之间的关联。这种先天性意味着其可以先天于实际的语言应用而存在于语言的语法形式中。其中最具代表性的例子就是古希腊语中的呼格（casus vocativus）。呼格为名词的格，表现在名词词尾，它在句中用来表述对人（动物、物件等）的称呼或有时作为名词的限定词使用。呼格的使用意味着语句的意义不仅源自组成语句的语词和逻辑结构，同样来自语句发出者设定的语句接收对象。而即便这个对象不在场，呼格本身可以成为语法的一部分，成为某种语言约定的用法。

精神生产活动所具有的这种先天对象化源自其目的和意图。精神生产不仅是个体独自生产出语言中的观念和概念，而且是将这些成果与另一个主体关联起来，以满足交往的需要。可以说，这一交往对象既是内在地被设定着的对象，也是外在地被需要着的对象。所谓内在地被设定，即是从主体的层面来说，精神生产并非像观念论者的意识过程那样，不绝对地设定自我，而是设定交往对象，这个交往对象就是精神生产的产品的接收者。精神生产者在生产过程之前就已经预设好了其概念和观念是为谁而言从而设定了交往对象。所谓外在地被需要，则是从客体的层面来说，精神生产对象潜在地或现实地实存于现实之中。现实中的交流场景则限定了精神生产活动的交往对象，使其以在场或不在场的方式显现给精神生产者。恰恰是这些交往对象接收（但不一定接受）到精神生产者提出的观念和概念，精神生产活动才得以实现，其产品才完成了使用价值之间的交换，使得思想被客观地传播开来。

精神生产不仅有着如此先天对象化的阶段，也有着**内在对象化**的阶段。如果我们以旁观者的身份探寻简单的精神生产活动的运作过程，我们会发现精神生产活动也**主动地对象化了某种显象**。作为现象学的术语，显象被看作意向的相关项，即意向性（intending）的对象。而意向性是指人的意识行为都是关于某事物或别的事物。这就意味着，人的意识行为与**某个对象**相关。现象学所说的对象并非是霍布斯传统和洛克传统中的我们头脑之中的观念，也不是笛卡尔传统的"我（ego）"，而是一种给予认知者的处于主体与实在界之间的事物或经验。

这样的对象同样与精神生产者发生了关联。毋宁说，精神生产活动也对象化了某种显象。但是与现象学不同之处在于，现象学只不过试图还原出意识的认知过程，而不考虑有关人的活动；而实践哲学视域下的精神生产活动并非认知活动，而是一种主动地活动。现象学的合理性在于其在实在和意识之间特别指出了显象并将其作为意向性的相关项，进而摒弃了笛卡尔以来的哲学认识论传统。但问题在于并非所有实在都是为了给意识显象而存在的。毋宁说实在自有其存在的根据。而现实中的作为实践产物的实在，那些物质生产过程生产出的人造物实在，更不是为了被意识到而生产的，而是为了满足人生活的根本需要。现象学的对象化是让显象作为直观（Vorstellung），摆放在认识者那里，让对象实际的对我们在场而且这种设定容易滑向视觉中心主义，侧重主体对显象的观看而忽略触觉、听觉、味觉等感觉。与现象学的规定相比，精神生产活动是主动的活动，其主动性仍旧是来自交往需要。因为为了语言交往得以实现，即便是日常交往活动也必须有主题。在一个简单的精神生产活动中，对象化则是生产者主动寻求实践着的对象，主动将实践过程中感觉到的诸多要素**概念化**的过程。

这种概念化就是精神生产的内在对象化的主要环节。但这一流程的起点并不像现象学那样源自显象的被给予而是源自生产者获取对象。精神生产者在实践领域中获取感性的要素并将其在头脑中、在意识中塑造成一个简单的概念。即便是实践中再复杂的事物和经验，无论在意识中具有多么复杂的反思过程，最终都被凝炼成一个概念，并且表现在精神生产的外化形式——语言中。在既定的语言中，被谓述的主词无论作为指示代词、代词还是一般名词都只是个语词。可以说，精神生产概念化首先就是获得语言中主词的过程。这个主词既可以是显现着的物，也可以是显现着的经验事件，既可以处于可被感知的在场状态,也可以处于不被感知状态的个体内在体验和纯粹抽象的范畴,但概念化过程并不仅仅意味着获得这些主词的符号标记,而也要获得这一符号标记所代表的意义。这就是说,从语言的层面来看,主词必须被主词生产者谓述,从而使其获得潜在的沟通价值。所谓沟通价值是指概念在主体间流转的过程中具有主体公共认可的意义。正如物质生产过程中,商品的交换依赖于其使用价值的交换;在精神生产过程中,精神产品的交往依赖于其沟通价值的交往。概念化之后的语词及其意义是理解其他精神生产者的产品的内在基础。

但是个体的精神生产活动并不总是成功的。首先,精神生产者在概念化上失败,因而进入其他意向性形式产生幻觉,无法形成语词;其次,则是意义赋予失败,背离传统约定指鹿为马或者形成"方的圆"等范畴错误;再次,外化的失败,即出于社会性和生理性的(而非认识性的)禁言,使得精神生产者虽然完成内在对象化过程但无法在语言中表现出来;最后则是共通性的失败,即不同精神生产者共同意向着(co-intend)同一个显象,但难以获取共通性,这就是即便精神生产者持同一种语言,同样的事情也会被生产成不同的版本。

综上所述,我们在实践哲学的视域下将精神生产不再视为一个概念而是视作人的活动,进而借助一些现象学的术语,描述性分析了其中所蕴涵着的两种对象化。一个简单的精神生产活动既对象化了交往主体间性,同时也对象化了显象,主动形成概念并赋予其意义以外化在语言中,进而在与他者的沟通中实现交往价值。

第二章　全媒体之时代诊断

在上一章中我们回溯了马克思的经典文本，试图从生产逻辑的相关论述中重新建构出一套实践哲学视域下的精神生产理论，以使其能够经受得住实践的批判，进而合理地解释世界，并有效地改变世界。但是在达到这些目标之前，我们不能像某些哲学理论家那样，只将理论当作原则而不假思索地应用到现实领域，亦不应抱有过多期待，妄图将之囿于理论层面内部，而是要从现实出发，暂时悬置理论，反思当今生活中的诸多现象，并对时代中与之可能发生关联的部分做出诊断。这一点既是基于实践哲学视域下马克思主义的基本立场，也是精神生产理论现代化的前提保证。

第一节　重新理解媒介与媒体

当今时代交流和传播日益变得密切，人与人之间的距离不断缩短，因而人们愈发看重人与人交流之间的中间者——媒介（media），并且学术界和普通民众赋予我们的时代以全媒体（omni-media）的称号。在全媒体时代，媒体已经融合成泰坦巨人般的庞然大物，使得我们不得不对其进行反思。

而在反思全媒体时代之前，有必要就其所包含的基础术语进行简单但必要的解释。在中文的语境中一个奇怪的现象是人们并非有意识地区分"媒体"和"媒介"术语。这一方面是因为当前占据传播理论和媒介理论主流地位的英语学界中并没有专门的术语明确区分两者。取而代之的是在英语学界中只有 media 和 medium 的区分。但这种区分并非是语义上的,也不是语用上的,而是语法上的,即 media 是 medium 的复数形式。而由于汉语词法对名词数量的模糊性,国内学者在翻译的过程中将这两者视为同等翻译项。然而问题在于,medium-media 并非具有单独的汉语术语,学者们在翻译过程中并非根据其原有的语法形式做以区分,而是根据语境将其翻译为媒体和媒介,从而最大程度上默认两者之间的紧密关联。但是媒体和媒介的差别却是在进行全媒体反思中不可避免的一环。

如果说某一语言中那些看似紧密的语义对应着不同的语词,那么这种区分反映着这种语言使用者的某种最刻意强调的共识。在英语语境中,与 medium-media 有明显区分的近义词是 intermediary。这个词是同样也标明了某种居间性,但与前者的不同之处在于,intermediary 是指作为中介的人,而 medium-media 是指作为中介的物。从这两个常用语词的区分可以看出,英语世界对于中介的划分以人和物之间的区别为标志。相对比之下,中文日常语言中所常用的"媒体"和"媒介"之间的划分更为细致。尽管两者都是涉及中介的物的层面,但是两者所具有的物质性不同。媒体是**生产资讯内容的机构**,媒介则是**传播资讯内容的介质**。媒介所具有的某种物质性特征就依赖于介质的质料性,比如最为经典的纸质媒介就是以纸张作为其质料。但媒介同样以非物质的符号化存在于语言和话语中。而媒体则是一个实体的组织,其包含诸多设备、专业人员与规范化运作流程等要素。

与英文相比,汉语中的媒体和媒介之别不再强调传播中介是人还是物,而是强调其本身的形式和质料之别。媒体强调其集中的、组织化的形式,而媒介强调其物质的质料。之所以在汉语中的媒介和媒体之间存在如此之大的语义差异,也和近年来媒介自身的发展有关。媒介基于人的信息**交流**和**传播**(这两个术语都可以对应英文中的 communication)。在最初的模式中,交流的发出者与交流对象之间是共同在场的面对面对话。语言就成为其交流的基础。

但是随着人口增长以及时空连结的便捷化，人际关系不断复杂，因而交流的形式就必须依赖某种中介。于是在物的层面，作为中介**物**的媒介应运而生。而在早期的媒介形式中，媒介的制造者与交流主体是同一的。因此交流是面对面的直接交流，不需要中介，因而不需要媒介的传播。

如果我们回顾历史上出现的各种媒介，就会发现媒介的革新往往伴随着有关个体三种不同的变化——身体的不断延伸、感知的不断扩大以及应用目的多样化。

媒介并非随着人的出现而自然就有的产物，也不是在社会形成之处就已经出现的中介。毋宁说，媒介是社会发展到一定程度而基于某种需要产生的中介物。之所以说媒介是历史的产物是因为在最初的人的生活中不需要媒介就可以传播信息。毋庸置疑，作为信息的承载者，媒介对信息的发出者和接收者而言具有意义。但人类个体间的早期交往因其所处社会的简单结构而以直接交往为主。因此信息在个体间的传递依赖于身体器官的简单延伸。例如，早期社会中面对面交流所需的语言是嘴的延伸，而另一种信息传递的方式——手势则是手的延伸。可以说，在这样的简单交流模式中，语言和手势是不能算作媒介的。因为其没有超出身体的感知界限而独立地成为物（Ding）。人的个体无论是以意识为实体还是以身体为基底都与物有着明确的界限。这种界限在物那里体现为广延，而在人那里则是身体的感知边界。无论是语言还是手势都在传递信息的过程中衰减。离得远的个体既无法听到信息发出者的语言，也无法看到信息发出者的手势。因而距离成为限制语言和手势这两种原初的信息传递载体的主要限制。而恰恰因为这种限制，早期社会中的个体为达到交流的有效性，永远是随着信息而在场的。信息和个体间性也因此是共时的。

然而随着社会群体人口的增长，社会群体之间的关系也变得复杂起来。个体之间跨越时间和空间的信息传递成了必要的交流形式。那么如何在远距离传递信息？如何将现有的信息传给后来人？当然人本身可以作为信息的携带者完成这样的跨越式传播。如果我们想想古代战争中的斥候和传令兵，也可以想想古代技艺在师徒之间的口耳相传，则会发现人天然是信息传播的工具。但这既浪费人力，也不能保证信息在传播过程中因为谎言或失忆等原因而失真。于是，在此之外就有了以"物"为形式的传递信息的方式。只有这样的在主题之间传递着信息的中介物的出现，我们才可以说媒介出现了。

早期人类个体间信息传播的中介物是图像和符号——这是最简单制造的人造物，也是每个人都可以完成的人造物。尽管图像和符号都是人手的造物且独立于人的身体，但是在其使用之出并没有严格的界限。表面看来，图像对应着的是手势的书面化，符号对应着的是声音的书面化，然而实际情况远不止于此。

一般而言，语言作为信息的载体可以固化到由一系列固定元素组成的文字或语词之中，呈现出其意义，进而包裹住信息。大多数情况下，这种固定元素就是某个群体共同认识的符号——字母。字母的原创性既在于其最早"将音节符号分解为音素，元音和辅音"，也在于其首先"将文字与其载体及其必要辅助物之间的联系打破"[①]。这意味着一种专门作为信息传递的符号工具出现了。无论信息的发出者和接收者是何种身份，无论这些字母代表何种语音，这些字母符号及其组合而成的语词和语句能够在某个固定的群体中最大可能的传递信息。语音符号化为字母，字母组成了文字/语词，而语词在一定的语法和逻辑规则下形成了语句。语句是具有意义的最小信息单元，其准确地将信息传递给接收者，而无关接收者与发出者是否在场。

实际上，图像也能像字母那样承载着转录且保存语音的功能。西方语言学界的一个传统观点是只有字母——一种固定下来的符号——才享有转写语音的能力。然而古埃及文字和汉字的象形字的出现证明图像也能够转录语音。象形文字是对原初的图形的固定化。其与原初图像的差别在于其大小与其所指涉的物的大小不同，而且在一些复杂的象形文字中各部分有着明确的空间关系。而从功能上说，象形文字能够最大可能将信息传递得更为准确且试图

---

① 〔法〕安娜-玛丽·克里斯坦主编：《文字的历史：从表意文字到多媒体》，王东亮、龚兆华译，北京：商务印书馆2019年版，第3页。

传播到语言之外的群体中。

不仅如此，图像的功能远不止于此。如果说，字母符号只是让可以听到的语音变成了可以看到的符号，进行着主体感觉方式的转化。那么图像具有的另一种含义则是通向不可见物，超越语言的界限，与神对话。在很多洞窟壁画中都留存着人类试图与超自然力量的沟通需求。这些图像尽管表达出某种意义，但是对于当今时代的我们来说，这种意义并非像语言那样是明确的，而必须借助一系列手段加以象征的解读。但无疑，图像作为人与神信息交流的媒介而存在。

无论是图像还是符号还是两者固化形成的某种文字，都是媒介的形式。而从媒介的历史发展角度来看，尽管长期以来文字都是人与人之间信息传播最方便且最普遍的媒介，但其书写的载体却各式各样。如上所言，文字既可以来自于字母符号也可来自简单图像，但是其可以储存在多种多样的物质载体（material media）上。从诸多考古发掘成果来看，文字作为一种媒介被储存在泥质、骨质、金属质、石质、木制、丝质、皮质、纸质等多种物质载体上。例如出土于罗马尼亚的塔尔塔利亚泥板就保留了新石器时代多瑙河文明的文字；出土于殷墟的甲骨则保留了商代君主占卜时的记录文字；春秋战国时期出土的礼器铭文则保留了祭文等文字；镌刻在石碑上的汉谟拉比法典则是代表了两河文明中与法律相关的文字记录；秦汉竹简和牍片大都保存了行政命令的相关记录；马王堆帛书则是记载着春秋战国以来的经典文献；死海古卷则是记载着宗教最初的典籍样貌；而在诸多文字记录和流传中，书籍作为最普遍也最方便地存储文字的工具记录了其时代的大量信息和经典文献著作。尽管这些保留下来的文字最初有着不同的功能，但是对于今天仍然能够见到它们的解释者而言，文字因物质载体得以存活，文字所具有的信息也进行着跨越时空的传播。

文字作为一种普遍的信息传播媒介出现了上千年。而媒介普遍在人类社会应用之后，随着印刷技术的革新以及社会分工的细化，专司媒介传播的媒体机构——媒体就应运而生了。

全媒体时代的精神生产活动及其反思——基于马克思主义的研究视角

文字媒介传播尽管能够超越最初的直接传播的限制，但其传播界限受到其物质载体的限制。石质、金属质文字能够留存千年，但往往因其器型庞大而难以远距离传播；丝质、皮质文字虽然便于携带，但其文字往往难以完整、妥帖的留存下来。因而，当纸质书籍出现并成为文字的主要载体的时候，媒介的传播速度和广度都有了根本性的提升。早期书籍仍然依赖于人工的抄写，因而书籍对信息传播的革命性贡献并不突出。而印刷术的出现不仅大大提高了文字传播的速率，也提高了媒介传播的形式。例如，古登堡活字印刷术出现之后的五十年时间里，印刷工比手抄工效率提升了上千倍。① 手抄书籍自然不能避免文字的遗漏和讹误，而且只能点对点的一对一传播信息。而印刷术的出现打破了这种模式的垄断，使得点对面的一对多传播成为可能。印刷品完全复制了其模板，无论其中包含的正确的信息还是错讹之处都会被全面而完整地复制下来。因而对于信息传递而言，印刷术解放了抄书者的双手，用机械的方式提高了信息生产的工作效率，扩大了受众者的范围，且满足社会日益增长的阅读阶层及其对知识的需求。

媒体的出现就首先依赖于印刷术的普遍应用。报纸就是这样产生的最早一批平面媒体的代表。15世纪末16世纪初，欧洲各国书商往往在出版的书籍中附送一些活页印刷品。这些记载着世界上各地发生的大事件的精美印刷品就是报纸的雏形。而最早的报纸是1609年在德意志奥格斯堡出版的《通告——报道与新闻报》。它的出现意味着世界上第一个现代媒体的诞生。之所以说报纸是媒体而非媒介，是出于以下考量。报纸并非和其他纸张一样仅仅是承载着信息的物质载体，而是一系列工业化、现代化机构的缩影。报社负责采集内容、制作内容、排版、印刷、发行等一系列工业化流程。而且并不是因为人们有传递信息的需要，所以才必然会有报纸这样的媒体。毋宁说是在其时代的资本运作下，有了资本的逐利，才有了报纸行业满足人们需求进而谋取利润。在资本主义刚刚兴起的时代，报纸并不仅仅为了满足人们传

---

① 爱森斯坦：《作为变革动因的印刷机：早期近代欧洲的传播与文化变革》，何道宽译，北京：北京大学出版社2010年版，第3页。

播信息的需要，也包含着一些为了宣传和盈利而故意刊登上去的信息。报纸商人会在报纸上刊登一系列有价广告以推广产品或服务，也会连载一些文学作品甚至一些花边新闻以稳定消费群体。

不仅如此，报纸也成了政治舞台的一部分。首先，一些民间社会群体和政党并不像资本家那样利用报纸来谋取个人利润，而是靠着其广大的传播效用推动观念传播和社会变革。一些有识之士主动担任编辑，撰写政论性文章发表在报纸上。而官方也利用其传播效用在报纸上刊登重要的政令、公告等信息。于是报纸就成为民间知识分子和官方争论的主战场，也成为大众舆论的载体。19世纪的欧洲，官方打压不受控制的报纸，而报纸的编辑们则转入地下或流亡他方谋求生存。19世纪以来，报纸的发展就是伴随着这样的激烈的出版自由和言论自由的斗争而不断普及化。其次，对于政党来说，一份机关党报可以兼有宣传观点、发动群众、党派论战的功能。例如，1776年北美殖民地报纸刊登的潘恩的《常识》号召了北美地区诸多爱国志士加入独立运动中。又如19世纪初孙中山创办的革命派报纸《民报》和梁启超创办的保皇派报纸《新民丛报》就围绕民族革命、民权革命是否必要等问题展开论战，推动了民主革命思想在晚清中国人中的传播。而更多的历史事实也不断验证报纸在面向大众的各政治革命中的积极作用。

与媒介相比，媒体的诞生及发展印证了两个发人深省的事实：信息的传递者不再是信息的制造者；制造信息的目的不仅是传播还有经济利益的诉求。就前者而言，信息的传播不再是一对一的，而是一对多的，信息的发出者也不是那个真正有着传递需求的现实个体，而统一变成了媒体的制造者。即便真正有传递信息需求的个体也要委托媒体代为制造出自己的信息，而制造出的信息和需要传递信息者的本意是否有差别则不能确定，而信息接收者要和信息传递者产生关联也不得不依赖媒体及媒体上的信息。不仅如此，媒体所具有的不再是媒介的单纯的传递信息的功能，而是作为资本的盈利手段或政治斗争的手段有了新的效用。

现代历史的发展不仅伴随着信息传递的重心从媒介到媒体的转变，而且伴随着技术革新带来一些新出现的**媒介**和**媒体**。新媒介离不开新技术的应用。工业革命以来，出现了一些新的动力来源。对于信息传递来说，最为重要的技术革新就是第二次工业革命以来电力的广泛应用。

电力的广泛应用首先促成了文字媒介的即时远距离传播。这方面最典型的代表是电报。电报是由美国人摩尔斯在1844年发明并且使用的信息交流媒介。其最早使用于向美国民众和政客传递关于议会选举结果的信息。摩尔斯电报的原理是利用电流的接触和断开的一瞬间形成的声音，人为地将这两种声音组合起来对应于26个英文字母以及10个阿拉伯数字，便可以将声音转化为符号进而转化为有意的语词从而传播信息。这项跨时代的发明改变了信息传递的物质基础，解放了人手以及手工机械，而是采用电为能源。而且其创新之处在于使得声音和文字之间有了对应关系，即形成了某种人工设置的编码，从而可以表达出任何意义。但是电报也具有一定的局限性。对于汉字这样以象形字为主体的文字来说，电报无法表达出所有汉字的意义。而且电报采取的编码必须依赖于发报员与接报员这样熟悉编码的专业人员操作，并不能使得每个个体自然而然地应用电力传递信息。此外，电报依赖于电线及电报收发装置的架设，因而其所传播的范围已经在信息发出之前就已经设定好了。随着科学技术的不断推陈出新，电报这一媒介在一百多年后就走向了衰亡。但无论如何，电报的发明是媒介发展史上的里程碑事件。它解决了远距离传输与即时传输之间的张力。在电报发明以前，无论是飞鸽传书还是信件这些远距离的信息传输无法做到即时沟通，信息传递需要花费几天甚至几个月的时间。传输打破空间限制的同时以牺牲时间为代价。而电报的传输与实物传输模式截然不同，使得信息传播与传统意义上的人和物的交通分离开，也使得报纸上的本地新闻乏善可陈。就其现实意义而言，电报能够对一些重大事件做出及时地反映。这些重大事件既包括时间上的即将要发生的天气情况，也包括其他国家发生的政治事件。例如19世纪英国的谷物投资商利用电报传递各地区间的天气，并作为期货交易的参考依据。又如1919年巴黎和会的消息通过电报及时传到国内，最终促成了五四运动的爆发。可以说，电报大大提升了信息传播的效率和频率,并逐渐影响着世界。

另一方面,电力的广泛应用不仅保留了文字质料的媒介,也保留了图像和语音。这方面最典型的代表是照片、电话和广播。如果说电报只是打破了信息传播的时空界限,那么照片、电话和广播这些媒介就是彻底颠覆了文字中心主义的媒介形式。由于时空的限制和储存技术的问题,在远距离即时传播领域都依赖于文字形式,而电话机的发明则首先使得声音储存下来,并传递到远在他乡的听者那里。1876年,亚历山大·贝尔发明的电话机以电子手段实现了有声语言和其他声音的远距离即时传输。而后电话公司逐渐拓展业务,最终将其视作人与人交流的工具。但电话的接收端和发出端只能是一个或少数几个人,不能形成一种面向公众的一对多的传播模式。于是,广播弥补了这样的需求。1893年,西奥多·普斯卡将匈牙利布达佩斯地区的几百条电话线组合成网络,定时向当地居民播放语音新闻,时人称之为"电话报纸",这就是广播的雏形。但与现代广播有别的是,无论是电话还是电话报纸都必须借助物质载体——电线。毋宁说,携带着信息的声音被储存到了电线中。而1864年,物理学家詹姆斯·麦斯韦尔宣布信号可以通过电磁波传播则彻底革新了电力信息传播的技术手段。1887年海因里希·赫兹的发明则实现了一种新的可能——无线电传播信息。赫兹在一个简易的火花隙振荡器中,从一点到另一点发射了讯号,使得点对点无线电信息传播成为可能。而埃杜尔·布朗莱发明的"金属屑检波器"则可以大范围接收无线电讯号;奥利弗·洛奇提出的共振协调原理使得无线电讯号发射器和接收器可以在同一波长频段工作,实现了远距离传播的即时性;古列尔莫·马可尼证实了无线电信号可以在大西洋对岸自由传播。至此,电力讯息传播可以彻底摆脱线路的限制,能够实现更广范围、更多接收者、更加灵活自由的无线传输方式。

人类不仅探寻如何储存声音,也探寻如何能够完整地储存图像。尽管在原始时代人们就可以将见到的影像画在石壁上并且逐步画在纸质、皮质、木制等质料上,但是长期以来人类始终缺少一种能够丝毫不差地复制和还原其所见的景物手段，而只是依靠其记忆重新创作绘制。而1839年法国画家达盖尔宣称可以将显现于映画镜暗箱后端的影像记录下来，于是储存图像也成了可能。随之就是伴随着摄影技术而诞生的图像媒介——照片。世界上第一张照片是1826年法国人埃尼斯的《窗外风景》。它如实地将其居住的阁楼窗户外景象记录下来。随后约瑟夫·尼埃普斯以日光作用于感光材料——柏油，将影像储存到固定的玻璃或金属板上，创造出"日光刻蚀法"摄影技术。达盖尔又推出了"银版摄影法"，以正像的形式储存了更高清晰度的影像。1888年伊斯曼发明出胶卷以及简易的相机使得抓拍成为可能。

摄影技术的成熟为信息传播带来了新的可能。尽管图像并不像语言那样语义明确，但其可以更广泛地传播而且能够毫无巨细地将每一个细节，尤其是信息发出者都没有注意到的细节保留，因而图像的留存物——照片作为一种可以长时间传递信息的技术媒介，被广泛应用于刑侦调查和科学研究中。从媒介本身的形式和效用来看。照片这种图像媒介能够去除语言的抽象的符号化特征，摒弃语言传播的规律，最大程度地保留现实的真实性。但是就信息的传递而言，其仍受制于摄影师本人的视角。同样的现实被不同角度的摄影师捕捉到传递出不同甚至截然相反的信息。

随着第二次工业革命以来电力的普遍应用，人类信息传递的媒介有了质的变化。不仅能够借助电力传递文字信息，更可以借助相关技术传递语音信息和图像信息。而伴随着新媒介出现了一种新的媒体——通讯社（News Agency）。通讯社的主要职能是收集新闻报道，并供应给报社、杂志社、广播电台或电视台等新闻机构以获取利润或达到宣传的目的。通讯社的产生首先离不开日益兴盛的时效性消息的需求。19世纪欧美地区就有报纸专门收集外国刊物，并转载其中值得关注的信息。1833年哈瓦斯在巴黎开设了一家通讯社并雇佣了大量翻译、信使，借助信鸽和电报远距离传输消息。1835年世界上第一个通讯社哈瓦斯社在巴黎成立。专门将法国人感兴趣的报道翻译成法文，卖给巴黎的各家报刊。通讯社的成立标志着新媒体的正式形成。如果说媒介只是强调信息传递的中介物质方面，那么媒体是有意识地、专业化地、明显地传播信息的机构，其并非按照信息的发出者和提供者的要求全然无误且不加干涉地传递信息，而是通过机构的运作将信息整合、加工后传递给预设目标和非预设目标。

除了通讯社这一早期形成的代表性媒体之外，现代化进程也不断涌现出报社等纸质媒体之外的媒体形式。首先是广播技术的发明和广泛应用促成的广播电台。广播电台充分运用了无线电技术单向传递声音信息。其形式一般是以高频广播，透过大气电波发送广播频率后，听众通过收音机来接收。依使用的技术不同，电台广播主要分为调幅广播（AM）及调频广播（FM），另外还有常见于国际广播的短波广播。不同的电台广播使用不同的频率范围。据目前所知，世界上最早的电台广播是来自于1906年圣诞夜美国马萨诸塞州布兰特罗镇的杰斐逊工作室。杰斐逊利用自创的实验振荡器向听众广播了自己制作的节目。尽管当时的听众只有无线电操作员、闻讯而来的记者以及无线电爱好者。但广播电台的成立并成功运作标志着一种依赖无线电的点对面的信息传输成为可能。此后的一百多年时间里各大广播电台公司纷纷成立，并不断利用其时代的最新技术扩大电台的覆盖范围，丰富电台的节目种类，强化这一媒体的效用。

除了电台之外，现代化进程中广播技术和摄影技术的综合应用最终促成电视台的成型。电视台的建立离不开电视的发明。而电视的发明则与电话和电报所采用的技术相关。1865年英国人约瑟夫·梅发现硒的光电效用，即当光线照到富含硒的物体上时能够产生电子放射现象。这就从理论上证明物体的影像可以利用电力传播，从而将保留图像的摄影技术推动到传递影像的技术。而随着尼普科夫扫描圆盘以及布劳恩的带荧光屏的阴极射线管等发明的问世，1924年约翰·贝尔德发明了电视，并直播了电视画面。英国广播公司最早获取商机，从1936年开始提供定期的电视服务。而伴随着电视的普及及相关技术的迭代发展，电视台应运而生。到1940年美国就已经有了20多家电视台向观众定期提供节目。而伴随着哥伦比亚广播公司以及全国广播公司的参与，电视产业已然成为二战后一种新兴的传媒行业。电视技术的应用促成了电视台这样的媒体产生。电视台不仅仅要进行信息的跨时空传递,并且要对传递内容有着复杂且细致的加工。而从其效用上看,随着电视的普及,电视台在20世纪塑造了大众的娱乐取向,限制着新闻信息的接收范围,并暗示着某种价值取向。

如果我们从概念上重新审视日常生活中常用的"媒介""媒体"概念,我们就会发现其中细微但重要的差别。媒介和媒体都是信息传递的手段。但媒体是媒介发展到一定阶段的产物。而且媒介侧重信息传递中介的客观层面,无论是通过文字、图像还是其他介质;而媒体侧重的是信息传递过程中的某种固定的组织结构。现代化过程中最为代表性的媒介是报纸、照片。而更为重要的事实是伴随着资本主义社会的出现,一些应用新技术的媒体出现了。其中最具代表性的而且延续至今的是通讯社、广播电台和电视台。

第二节　从新媒介到全媒体

在反思媒介和媒体概念之后,我们则要展开对当代——二战后的信息传递领域的反思。随着工业革命的不断推进,媒介的多元化导致对媒介和媒体的反思变得更为重要与迫切。在这一反思中离不开的就是"新媒介"和"全媒体"的概念。新媒介（New Media,一译新媒体,因其未对媒介和媒体的概念加以区分）这一术语最早见于20世纪60年代。1967年,美国哥伦比亚广播公司的彼得·戈德马克在报告中使用"新媒介"这一术语以区分广播、电视、报纸等传统媒介。而伴随着主流媒体以及官方报告中多次提及这一术语,新媒介成为20世纪后几十年的时代标签。那么什么是新媒介？其和传统媒介之间的差别在于什么地方？

如果说新媒介是对传统媒介的革新,那么这种革命性的成果所必然依赖的是20世纪中期发明的计算机网络技术。这项技术最初用于军事上的导弹弹道计算,而随着计算机之间联系的密切,美国军方试图建立一个网络将军事和科研用电脑连接起来,并且促成各计算机网络之间的通讯达成国际通行的标准规范。1969 年美军在 ARPA(阿帕网,美国国防部研究计划署)制定的协定下,首先将这种媒介用于军事连接,后将美国西南部的加利福尼亚大学洛杉矶分校、斯坦福大学研究学院、UCSB(加利福尼亚大学)和犹他州大学的四台主要的计算机连接起来。其协定由马萨诸塞州剑桥的 BBN 科技参与执行,BBN 构建了 IMP(接口信息处理机),即一种定制的霍尼韦尔小型机(Honeywell DDP–516 Minicomputer)。在经过 BBN 对软件设计、路由、流量控制及网络控制的设计和构建后,它们被分配到各个站点充当接入 ARPANET 的网关。

这一事实宣告一种新的媒介方式诞生了。这就是在今天广泛使用的**互联网**(internet)。互联网又称国际网络,它是指利用通用协议将各网络串连成的网络。互联网的定义实际上在逻辑上就设定了某种将全世界各个网络连接起来的网络。而这种网络随着科技的进步在如今早已成为现实。互联网技术下的信息传递脱离了人与人之间的主体间性,而成为了载体与载体之间的关联。也就是说,利用互联网信息技术可以将两个系统网络的信息相互传递、分享,而不再强调两个系统中的个体或系统拥有者之间的关联。作为信息载体的机器的关联优先于信息发出者和接收者之间的关联。

互联网这种新媒体给人类的信息传播带来了巨大的影响。无论是信息的持有量还是对时空界限的扩展,互联网都领先了传统媒体几个维度。就信息的持有量而言,报纸、广播节目、电视节目等传统媒介持有的信息是有限的。报纸若要增加信息则必须依赖版面的增加,广播和电视节目如要增加信息则必须依赖放送时长的增加。而互联网所存储的信息是以字节(bit)为单位。理论上互联网上能够存储的信息数值没有上限。而在互联网早期,不同的计算机硬件则限制着信息在单一设备内的数量上限。例如,16G 的硬盘最多只能存储 16,384 字节的信息。但即便如此,随着计算机设备的普及,这种信息的存储数量也是报纸等传统媒介无法企及的,更不用说新近几年推出的互联网云的存储规模。而且在互联网站中,信息被整合成一个可被搜索的数据库。

利用搜索引擎技术，互联网可以为信息的需求者更好地提供服务，更快速且便捷地满足其对信息的需求，不再是以信息的发出者为中心。相比之下，传统信息传递的媒介尽管能够表达出信息发出者的意图，但对于信息接收者而言，这种意图往往不能直接对应于其需求，因而浪费了时间和精力。信息接收者往往通过概览所有信息之后才有可能找到自己需要的信息。而且传统媒介所携带的信息并不一定对每一个接收者、对每一时刻的接收者有意义。

就信息的跨时空传播而言，尽管传统媒介也能够将实时信息传播出去。但是就传播速度而言，借助互联网的信息传递能够更加快捷和方便。这是因为互联网使得信息数字变为占据更小空间的字节，而传统媒介要么以原子的形式传播，要么必须经过专业人士对信息编码和解码程序实现信息传递。不仅如此，互联网的信息传播可以做到同步性与异步性的统一。即是说，在互联网技术中，信息的接收和接受是两个独立的过程。信息发出者发出信息，而这样的信息在发出之后就已经储存在互联网上，而接收者即便没有阅读或收听这一信息，这一信息也以缓存的方式储存在接收者互联网设备终端中。而且其储存的时间较久，直到接收者确认接受之后仍能够储存。大大缩减了传播时间的同时又延长了信息的传播范围。而且互联网的信息传播往往能够跨语言形成国际化传播。在传统信息传播模式中，空间要素的限制不仅是地域上的也是语言种类上的。不同语言之间的信息理解天然地存在偏差。因而传统媒介主要将其传播对象限制在同种语言使用者之间。例如电视和广播节目对象往往是能够听懂节目语言的群体。而语言间信息传递的不足利用人工翻译来弥补。而在互联网技术下的信息传递则可以利用翻译软件和工具，直接在网页或设备上实现语言的翻译与转换，从而避免新的传播中介者的引入造成的语义偏差，缩短空间上的传播限制。

不仅如此，互联网媒介在公众传播领域中具有传统媒体无法比拟的特征——即时交互性。所谓即时交互性是说信息在点对面的传播过程中同时达成传播主体和客体的同时在场以及传播主体和客体的身份互换这两个特征。

电视和广播节目这些传统媒介的点对面传播能够完成远距离的传播主体和客体的同时在场，也能够通过电话连线等方式实现接收者对信息发送者的信息反馈，完成信息传播主体和客体身份的互换，但是这种方式只能实现数量有限的信息接收者成为信息传播主体，也不能长时间一直互换身份。而互联网技术的应用最终使得在互联网中任何人在任何时刻都是信息的传播者也是信息的接收者且都可以共时地传播和接收信息。这种功能主要依赖于网络论坛（forum）及其诸多聊天群组的变体实现。网络论坛又称讨论区、讨论版等，是一种提供在线讨论的计算机程序或由这些程序建立的以在线讨论为主的网站。网络论坛在技术上代替了早期以电话为基础的 BBS 服务，且在 20 世纪 80 年代之后流行开来。论坛的程序一般都由互联网公司组织开发、下载或购买所发布的程式包，再利用 FTP 上传至网页空间。在网络论坛上，用户既可以发布信息也可以与其他用户聊天、交易，甚至完成其他交流服务。论坛的氛围由用户（及其代表）自我营造，而相关的技术则由互联网公司或专业团体维护。可以说，互联网上的论坛基本上能够实现线下论坛中多人同时在场的交流场景，且论坛的信息可以永久储存在互联网服务器上，也可以由用户自行下载储存。随着技术的不断演进，论坛不断细化为各群组，也变成专职的聊天程序，以按需满足各种信息传递的需求，成为当今时代信息传播不可或缺的媒介。

如果说新媒介是指互联网技术成型且广泛应用后的成果，那么新媒介时代则与互联网时代同时。而按照当前主流学界对互联网技术的时代划分，互联网技术形态分为 Web1.0、Web2.0 和 Web3.0 三个阶段，因而新媒介时代也伴随着这三个时代的划分有着各自的特殊性。所谓 Web1.0 就是互联网技术刚刚兴起到 20 世纪末的几十年的第一代实用技术形态。从信息传播的角度来看，Web1.0 的特征在于技术依赖、信息依赖、流量依赖这三个方面。所谓技术依赖是说 Web1.0 的成型和发展离不开技术创新和应用。任何借助 Web1.0 发展的公司必须提供技术性的静态的 html 网站或动态网站以作为信息的载体。所谓信息依赖则是指 Web1.0 技术应用实际上是信息的搜集、整理和展示的过程。因而无论企业的盈利模式还是实际的互联网生态都离不开信息的数量。这种特征催生出早期以售卖广告信息、综合信息提供搜索等为主营业务的互联网企业。所谓流量依赖则是指信息传播的效用要以网页的流量为衡量依据。网页流量的多少意味着信息获取可能性的高低以及信息接收者的多少。早期互联网企业竞争的标准以及盈利的密码都离不开网页和网站的日流量。而流量往往又和信息本身的性质不成直接关系。因此在Web1.0时代开始出现一系列为了获取流量而传播的特别吸引眼球的信息。

  Web2.0是欧雷利媒体公司的蒂姆·奥莱利最早提出的术语。2003年他将Web2.0概括为"计算机产业朝着以互联网为平台的发展方向转型",而这个新平台的成功准则中最为重要的是"越是能充分利用网络效应或是集体智慧的应用程序,便能拥有越多的用户"①。这里所说的网络效应是指网络规模增长使得网络产品或技术的市场价值增长。也就是说,在Web2.0时代中,网络规模成为决定其效用的核心要素。而对于信息传播领域来说,Web2.0时代的网络提供的是互联网社交服务而非社交软件。而且Web2.0时代的互联网公司渴求更多的用户作为参与者利用其智慧,加入社交平台并且为其提供优质的内容。此外,就技术而言,这种参与方式基于开源的软件开发程序,即用户可以体验、参与平台建设并在后台不断改进平台,不断优化传播媒介且实现多对多的连通性。而与Web1.0单纯依赖点击率和流量的商业化价值标准不同,在Web2.0时代,用户的社交行为所生成的数据同样具有商业价值。也就是说,互联网公司可以在获得用户的许可的情况下,对用户间的社交活动进行跟踪并做出预测。而对于点对面的大众传播来说,Web2.0时代的新闻媒体自身不是信息的制造者而是将信息还原给平台用户。其扮演的角色只是信息的深度加工者,而且这种加工过程也依赖于互联网技术和大众兴趣取向。

  相比之下,Web3.0则更多的是一种理论设想,而非已经发展成型的技术应用。Web3.0最早是由加文·伍德(Gavin Wood)在2014年提出。它是基

---

① 转引自〔法〕特里·弗卢:《新媒体4.0》,叶明睿译,北京:人民日报出版社2019年版,第18页。

于区块链技术的去中心化特征形成的互联网技术传媒模式。Web3.0 与 Web2.0 之间并非递进的关系，而是竞争的关系。如果说 Web1.0 作为初代的互联网模式具有单向性，即用户被动接受网页上的信息而很难进行线上的交流，那么 Web2.0 则是这种模式的补充和革新，其作为一种可交互网络模式打破了平台的信息垄断，使得用户可以在互联网上成为信息的传播者，并通过平台与其他用户进行信息交流。但 Web3.0 和 Web2.0 相比并非对后者在交互模式上的革新而是针对其中的不足提出的新型框架。Web2.0 的信息交互模式牺牲了流量入口与用户的隐私，而催生了平台为核心的控制机制对信息本身的审核有着把控权力。而 Web3.0 则是针对这一点提出的一种具有身份认证系统、能够实现数据确权和授权以及保护隐私等功能的去中心化网络。在 Web3.0 的信息交流模式中，信息的生产者仍旧是信息的拥有者，信息的生产行为仍旧产生数据。但是这些数据在没有得到其授权之前仍旧属于信息的生产者。因此，数据产生的经济效益不再属于平台本身而同样被信息生产者享有。但可惜的是，目前 Web3.0 的应用不及 Web2.0 的广泛，而且其没有根本改变信息传播模式，只是将信息的归属权重新划分，因此对于信息的传播而言，其不能形成一种独特的交流模式。可以说，我们当前所处的时代就是 Web2.0 的如日中天以及 Web3.0 的方兴未艾中。随着 Web3.0 的技术应用落地，其必然能够提升人类信息交流的基本模式。

新媒介时代的不断发展立足于互联网技术带来的新传播模式。但是这并不意味着新形式的媒介与传统媒介非此即彼的关系，也不意味着新媒介的出现导致传统媒体行业的消亡。毋宁说，传统媒体行业伴随着互联网技术的不断应用也随着新媒介的出现而不断自我革新。互联网这个新媒介将传统媒介上承载的信息数字化，并赋予其可以被计算机访问的功能与权限。而传统媒介媒体行业为了应对新媒介带来的冲击开始自我改革，实现自身的转型。对于广播电台来说，其在利用新媒介带来的信息的同时，也不断加深自身细分领域的建设，丰富地方性的特色新闻信息以及拓展播出渠道，塑造主持人风格，实现线上的幕后互动；对于电视台来说，其在不断推陈出新的基础上，可以将节目区块化放置到网络平台以供观众反复观看,并且逐步构建跨媒体的节目数据库,以提高电视节目的制作效率和质量;对于报社媒体来说,报纸和刊物的电子化阅览已经成为普遍的模式,而在手机和便携式电脑终端上也不断出现报业的应用程序以方便读者阅览并检索相关新闻。可以说,新媒介时代带来的不是对传统媒介的打压,而是传统媒介数字化为互联网数据,从而具有了可复制性、可检索性等新的特征。

新媒介的出现和不断应用也伴随着新媒体的出现和应用。在互联网技术的广泛应用背景下,尤其是在 Web2.0 技术如日中天的背景下,出现了平台这样的新媒体。这里所谓的平台是一个多义词,其至少具有两种维度上的含义。在技术层面上,平台专指利用互联网技术的计算平台(computing platform),即在计算机软件运行的系统环境。它包括硬件环境和软件环境这两部分。一个完整的计算机平台可以包括如下部分:

- 硬件:例如不需要操作系统就可以访问硬件的嵌入式系统、Mac OS 等商业计算机平台、电子游戏机、超级计算机等。
- 浏览器:往往是基于 Web 软件使用的程序。
- 应用程序:可以支持一些脚本语言。
- 软件框架:例如 Microsoft XNA、Adobe AIR、Windows Runtime 等。
- 云计算平台,例如熟知的社交网络等开发平台。
- 虚拟机(VM):可以执行字节码,如 Java 虚拟机。
- 完整系统的虚拟化版本:例如虚拟硬件、操作系统、软件和存储等。

在信息的传播层面上,平台意味着一种独特的社交媒体(social medium)。社交一词可以追溯到社会学中的一个子学科——社会控制论(socio-cybernetics)的语境中。社会控制论这门学科研究影响人类行为的社会力量网络。其中的一些学者认为计算机并不会干预人与人之间的关系,因而不是社交媒体的一部分；一部分学者则认为在计算机技术应用的年代，社交不再是人类个体之间的交互，而是孤立节点的交换。而随着对互联网的反思，人们发现社交媒体中的社交"不再以阶级、运动或者暴民的形式凸显出来"，而是"呈现为网络形式"。它不仅腐蚀着社会规范，也将商业重心转向"网络分析及其相应的数据视觉化所呈现的'社会事实'"[1]。

而**平台**作为一种 Web2.0 时代出现的社交媒体就是以这种网络形式出现的一种实体。这个社交媒体是建立在 Web2.0 技术上的网络应用，它可以允许用户生成内容（UGC）的制造并作为信息传播。在 Web1.0 时代，互联网只是借助例如超文本技术等手段形成通信网络，而到了 Web2.0 时代，互联网在线服务从提供交流渠道变为了交互式的网络社交工具，为使用者提供了无限可能。也就是说，平台不再是渠道，而是提供服务的场所。用户的日常活动都可以在社交平台上完成，但是这些活动并非简单地受到平台的引导，而是用户本身按照特定目的的编程。例如，一群同龄人，或一群具有相同志趣的人为了交流参与到平台中。也就是说和以往的媒体不同，平台的重心和关键应该是参与者，而非平台的搭建者和运营者。平台的参与者为平台提供了流量，也提供着内容，而且为平台带来价值。个体参与者日常在社交媒体上的与朋友交谈、展示照片、分享视频已经从私人领域释放到了公共领域，并对整个社会群体的信息生态产生影响。而从信息传播的角度来看，随着通信设备的多样化，作为社交媒体的平台以应用程序的方式出现在个人手机、便携式计算机、平板电脑等通信设备上，极大地扩大了平台的用户和信息传播的路径和范围。目前，国内用户常用的社交媒体平台既包括微信、QQ、微博这些直接以信息交流为目的的社交媒体平台，也包括今日头条、哔哩哔哩、抖音、小红书等以分享个人创作内容以完成信息交流的社交媒体平台，还包括搜狗、百度等以信息搜索为核心的社交信息平台。在这些信息中，信息不仅能够实现私人领域的点对点传递，也能实现即时的一对多的宣传、多对多

---

[1] 〔荷〕基尔特·洛文克：《社交媒体深渊：批判的互联网文化与否定之力》，苏子滢译，重庆：重庆大学出版社2020年版，第27页。

的讨论，还依赖缓存技术能够实现长时间的一对多的长距离传递。

新媒介和新媒体的相互发展最终促成了我们的"全媒体时代"。全媒体是一个全新的术语。其英文表达是"omnimedia"。它是由源自古希腊语中的前缀omni和media合成的语词。与传统媒体和新媒体相比，全媒体的"全"字就体现在其前缀Omni在古希腊语的表达出的包罗万象的意义。

就全媒体这一概念的中国化历程来说，学界对全媒体的"全"有着不同的理解。全媒体这个术语最早在中国传媒行业内部提出并使用。2005年媒介融合这一议题进入传媒行业和学术界的讨论后，全媒体被看做媒介融合的一种实践应用。报业作为传统媒介的代表对全媒体的应用最为关切。2007年新闻出版总署部署了"中国数字报业实验室计划"，试图建构数字化、网络化、一体化的新型报纸出版形式，即一种新型的媒体形式。一些参与此项计划的报社也初步探索出了全媒体运作的模式，优化了自身的采编系统和组织结构。报业率先做出的全媒体变革，使得全媒体这一概念在未经省察之时就已经应用到整个媒体行业内部了，并且持续至今。那么什么是全媒体呢？

《中国传媒全媒体发展研究报告》中将全媒体界定为"综合运用多种媒体表现形式，如文、图、声、光、电，全方位、立体地展示传播内容，同时通过文字、声像、网络、通信等传播手段来传输一种新的传播形态"。这一定义将全媒体看做多种传播媒介的融合，但忽视了从媒体和媒介的区别，进而无法体现出全媒体作为一种媒体自身的特殊之处。而从媒体的角度看，可以将全媒体定义为"将采写的相关视频、音频、图片以及文字稿以原始资料的形式归入媒体库，再根据不同的媒体类型进行二次编辑与生产，在不同的传播渠道中使用不同形态的新闻产品"[①]。这样的定义尽管表明了全媒体的具体的运作方式和运作流程，但依旧无法指出全媒体的本质性特征，尤其是全媒体和新媒体之间的区别。

---

① 米博：《从新媒体到全媒体：新时期新闻传播的发展研究》，长春：吉林科学技术出版社2021年版，第156页。

毋庸置疑，全媒体中包含着多元化的媒介手段。但如果基于我们对媒体和媒介之间的区分以及全媒体和新媒体的界限，则可以认为，全媒体并不仅仅是媒介的融合，还包括更为本质性的东西。早在20世纪末随着互联网技术的不断应用，各种媒介就已经应用到了媒体的日常运作中。可以说，媒介的融合是近二三十年以来传媒行业发展的趋势。这意味着人类对于文字、图像等信息载体的利用不断增强，也意味着新技术的产生能够满足人们的多元化传递信息的需求。但是全媒体终究是媒体，这意味着全媒体是一个组织，尽管这个组织不一定为大众显见。而且如果说新媒体和以往媒体之间的差别仅仅在于媒体种类的革新，那么全媒体所谓的"全"则超出了媒体的本身，而是多元化的媒体的参与主体及其组织形式的革命性变化。

首先，全媒体的"全"意味着其参与**主体**的广泛性。全媒体时代的媒体不仅仅涵盖诸多媒介手段，也不仅仅涵盖各式各样的新媒体形式，更主要的是涵盖了不同类型的参与者。也就是说，全媒体时代参与媒体建设的主体的范围史无前例地扩大了。20世纪以来层出不穷的新媒体，尤其是借助网络技术的媒体，颠覆了传统媒体依赖于文字和声音的基本面，使得图像、视频作为新的媒介广泛应用。而且新出现的媒介能够实现即时性的长距离传播，使得媒介应用范围扩展到全球。而新媒体机构则是在新媒体不断出现与应用过程中应运而生的机构。这些机构以公司的形式探寻、调查、编辑各种各样的消息，为大众提供了多种多样的媒介，并且借助互联网不断推动其产生效用。但是无论采取何种传媒手段，无论信息能够传播多远，涉足媒体的主体都是以专业的媒体从业人员为主。而与之对应的就是媒体制造出的信息的接收对象，即所谓的"大众"。专业人士控制着媒体从而控制着信息的传播路径与传递渠道，而大众在很大程度上只能被动地接受信息或无视信息，而不能提供、加工、批判信息。因此，就媒体的主体而言，大众很难成为媒体的主要参与者。相比之下，全媒体时代的媒体运作最主要的特点就是不仅依赖于固定的媒体公司的形式出现，而且以更为广泛且松散的个体形式出现。尤其是社交媒体的出现，促使一系列用户生成内容（UGC）的出现。所谓用户生成内容是指用户可以借助软件或程序终端,在电子设备上编辑、发布和修改的自我生产出来的信息或直接传递给他者的即时性信息。这种信息的传递模式最早起源于开源软件的开发方式,即邀请新用户测试新的软件和网络服务并使其主动参与后续不断的修改进程。只不过在信息传递的环节中,大众不仅是信息的编辑(修改)者,更是信息的发出者。

一般来说作为个体的信息发出者和接收者大多数时候都是处于私密的状态中,无论借助传统的电话媒介还是借助新媒体互联网手段,信息都是在极少数的旁观者的关注中传递的。而在全媒体的传播模式下,出现了具有一定的公共性的消息传播形式。其一是诸如百度百科等网络百科全书式的完全公开的信息传播。这种方式类似于开源代码的完善,只不过这些信息所涵盖的内容不是程序代码,而是人类文明中各种各样历史事件、科学知识、词语释义等隶属于常识的信息总和。任何人只要借助互联网都可以在网站上直接编辑或获取许可后编辑任何信息。其二是有限公共性且延时的信息传播。这种模式体现在各种论坛、博客、社交媒体、视频网站等程序中。用户将个人要表达的信息以文字、图片、视频的方式上传到网络上供其他用户观看和收听。这种信息传播的方式只限于使用同一程序且拥有观看权限的用户接收。因而只具有有限的公共性,不能成为社会常识的一部分。其三是有限公共性但是即时性的信息传播。这种模式以个人直播为主。所谓个人直播则是平台用户自发确定时间和主题的有目的的信息传递过程。其接收者也同样是同一程序的使用者,但与第二种信息传播模式不同之处在于直播间中的参与者都不是匿名的,都是以昵称或代称的方式直接地、即时地进行信息传播。这三种模式是全媒体时代新兴的信息传播方式,也是与新媒体相比而言,个人媒体全媒体时代的主要代表的最佳体现。

此外,全媒体的"全"意味着其**组织**的总体性。全媒体不单单是"媒介"的融合,也不是计算机技术、信息技术等技术的融合,就其作为一种组织化的媒体而言,它是一种总体性组织的融合。全媒体在组织形式上的总体性的现实表现则是近十年来发生的网络传播向"平台化"社会以及参与式文化向连通式文化的转变趋势①。平台成为全媒体时代的总体性组织。平台具有多重含义,既可以说是"计算和架构",也可以说是"政治舞台或表现行为的基础设施",还可以是"不仅促进,同时也塑造了社会行为的""转义者",甚至可以说,平台是"软件、(有时是)硬件和服务的提供者,有助于将社交活动编码到计算机中",平台可以"通过算法和格式化协议处理(元)数据,然后以用户友好界面的形式呈现其解释逻辑"②。

无论从功能上定义还是从技术上定义,都可以发现平台在当今时代中的普及。而全媒体时代的平台就其内容而言,平台的总体性在于其不仅仅像传统媒体和新媒体那样是个公司或单位,而是融合了信息内容、网络技术和主体权利的固有组织。具体而言,一个平台所包含的内容既包括平台初创者制造出来的信息,也包括平台用户制造出来的信息。但不仅如此,平台也包含着计算机技术、互联网技术以及各式各样的软件技术,这些技术支持平台具有特殊的功能满足用户的多样化需要。此外,平台也分有了一部分用户的权利。平台掌握了用户的个人信息、浏览历史,而且宣称部分或全部拥有用户生成内容的传播权,甚至拥有其所有权。而全媒体时代的平台就其形式而言,是任何需要互联网传播信息的用户无法绕过的手段和工具。用户可以在手机、平板电脑或笔记本电脑上自由地选择任何一种传递信息的工具,但无论其选择哪种工具,这些工具都是平台的终端,即平台展现在用户那里的模样。平台在形式上成为主体间性在现实中构建的必不可少的桥梁。

综上所述,全媒体这一概念与新媒体有所不同。新媒体强调伴随着新媒介出现的新的媒体机构,尤其是互联网技术应用后出现的一系列新的媒体,而全媒体则强调媒体的主体的全和组织的全,即全媒体用户类型和参与形式之间的界限是模糊的。用户可以在平台这个总体性的组织中发展群体智慧。

---

① 参见〔荷〕何塞·范·迪克:《连接:社交媒体批评史》,晏青、陈光凤译,北京:中国人民大学出版社2021年版,第4—5页。

② 〔荷〕何塞·范·迪克:《连接:社交媒体批评史》,晏青、陈光凤译,北京:中国人民大学出版社2021年版,第32页。

而平台也囊括了信息内容、网络技术和主体权利，促成主体间性的形成。

第三节　全媒体的三重效应

在上一节中，我们从概念上区分了全媒体和新媒体，并解释了全媒体的特殊性在于其在参与主体和组织结构上的总体性。这些界定只是在"是什么"的层面回应了全媒体是什么这样的基本问题。而这一节中我们更进一步回答有关"如何"的问题，探究全媒体时代下人们的处境，并由此展现出全媒体给人的日常生活带来的诸多效应。

首先，全媒体的效应体现在信息**接受**的层面。对于全媒体时代的每一个人来说，多元化的媒介以及新型媒体的出现带来了汗牛充栋的信息。与信息传递的原初状态相比，人们可以同时接收到信息，尽管这样的信息并不指定是要传递给自己。而与几百年前的传统媒介相比，人们可以接收来自远方的、即时性的且多种多样的信息。那么对于全媒体时代下的人们来说，面对如此众多的信息要如何取舍。也就是说，全媒体时代下人们的信息行为如何。所谓信息行为是信息科学和传播学中的术语，它是指"在不同情境中，受众基于信息需求，选择和利用各种媒介，生产、接受、获取、使用和处理信息的行为"[①]。作为信息的接收端，全媒体时代的大众通过设备和程序时时刻刻都在接收着信息。首先来让我们看几组调查数据以更好地了解全媒体时代的受众的信息行为。

就受众新闻强度而言，根据2012年7月英国路透社发布的《数字化新闻报告》，英国网络新闻用户中，轻度新闻需求（新闻获取时长小于30分钟）的仅占22%，大多数（70%）都具有中度新闻需求（新闻获取时长大于30

---

① 葛丽莎：《全媒体环境下的受众新闻信息行为研究》，上海：上海交通大学出版社2019年版，第19页。

分钟且小于3小时),而重度新闻需求(新闻获取时长大于3小时)也比较少,仅为7%。而这一比例在我国对应的数字分别为44%、53.7%以及2.3%。重度新闻需求明显少于英国,而轻度新闻需求又多于英国。从受众的年龄与不同程度的新闻需求来看,18周岁以下的未成年人多是(73%)轻度需求,而25—34岁受众开始由轻度需求占优势转向中度需求占优势。也就是说这一时期的青年人有着大量的信息需求[1]。

就受众信息设备而言,在电脑、电视、手机、平板电脑、纸质报刊和广播这六种传播媒介中,受众日常获取新闻的媒介渠道大多数是3种(32.4%)和4种(23.9%),而仅采用单一一种媒介接收信息的受众仅占到3.5%。而在这六种媒介中,最受众青睐的那些使用其看新闻30分钟以上的媒介依次是电脑(61.2%)、电视(52%)和手机(50.6%)[2]。这充分说明了这三个设备在信息获取中的不可磨灭的作用。

就受众获取新闻的渠道而言,在互联网带来的多种渠道中,受众获取新闻信息的方式也变得多样化。全媒体环境下,选择不同渠道接收新闻的频次依次是:综合门户网站(如搜狐、新浪、网易、腾讯、凤凰网等)为62.4%、搜索引擎(如百度、搜狗)为56.2%、手机端微博为44.6%、手机端浏览器登录网站为42.1%、手机即时通信软件为36.7%、即时通信软件(如微信、QQ、米聊、网易泡泡、移动飞信等)为34.17%[3]。这充分说明了综合门户网站和搜索引擎的强大信息效用。

通过以上三个维度的数据,不难发现,全媒体时代的受众在接收信息时拥有着多种多样的选择,无论是信息设备还是信息渠道,都可以任由受众选择。但真的是这样吗?如果说仅仅着眼于媒介的丰富以及互联网时代的新媒

---

[1] 参见葛丽莎:《全媒体环境下的受众新闻信息行为研究》,上海:上海交通大学出版社2019年版,第77—79页。

[2] 参见葛丽莎:《全媒体环境下的受众新闻信息行为研究》,上海:上海交通大学出版社2019年版,第84页。

[3] 参见葛丽莎:《全媒体环境下的受众新闻信息行为研究》,上海:上海交通大学出版社2019年版,第89—90页。

体福利，那么似乎确实如此。但是全媒体的特征在于其组织的总体性，而不仅是信息的完整性。这种总体性意味着受众在获取信息时离不开平台设备，而平台设备也在其后台——受众无法见到的地方算计着受众。因而其轻而易举就可以为受众量身定制一套信息。而这些对于获取新闻的受众来说，自由选择之下隐含着的是某种不可避免的确定性。

这种确定性意味着只要使用设备及其上的特殊程序——平台，那么受众就会被算计为一个带有倾向性的信息传递目标，进而使得平台为其提供其所潜在需求或喜爱的新闻消息。简而言之，当你使用平台时，平台也在"使用"你。一般说来，事件的偶然性使得新闻信息具有一定的新颖性，因而在面对着新出炉的新闻消息之时，承载着信息的媒介不能有效地将其传播给真正对其有需求的受众。因此，在平台运营的过程中，平台经营者就有意识地通过复杂的算法将信息分类并传播到其预定的潜在受众中。平台的这种信息的预分类方式可以称作"标签化"。这种标签化的特殊之处在于其分类的对象不仅仅是信息也是受众。分类依据既可以是较为客观的种族、性别、民族、地区等，也可以是较为主观的爱好、工作等。从受众的角度来说，其所接收的信息是平台算法筛选之后的结果。比如对于爱好钓鱼的受众，其日常接触到的信息则会是与其直接相关的鱼、钓具等内容，或者是与其间接有关的动物、休闲等范畴的内容。

信息的标签化使得受众本身就具备了标签。因而在日常信息的接收过程中，受众一方面能够依照标签迅速地找到相关消息和志同道合的用户，但同时也有着潜在的暴露风险。其获取信息的同时也将信息贩售给平台。用户的标签基于其被动搜集搜索记录、浏览记录和储存空间。而一旦用户在某一平台具有了标签，则在短时间内难以改变被推荐信息的主题。

但是面对全媒体时代如此无所遁藏的处境，受众也没有放弃自己的权利。20世纪末，美国麻省理工学院的技术专家尼古拉斯·尼葛洛庞帝（Nicholas Negroponte）提出了一种"我的日报"（Daily Me）的设想，让受众摆脱电视等媒体的操控，而预先精心选择组件进而组成一个专属的通信程序包（communication packages）。这种设想实际上与平台目前实现的一样——对于钓鱼的受众信息只会出现关于它的内容——都是将受众标签化，进而将这种标签作为选择接收信息的依据。表面看来，这两种方式有着不同，即我的日报是自我标签化，而平台则是基于大数据客观地标签化。而实际上，在现实的信息接收过程中，信息往往不能够满足如此迥异的需求，毋宁说，在很多时候以及在很大程度上，信息只是被受众选择，而非被受众制造。即便正如某些社交媒体上真的实现这种做法，那也存在一个关键问题——自我窄化，即受众故步自封地将自己锁在"信息茧房"之内，形成孤僻的性格与偏激的观念。由此种种，不得不说全媒体时代的平台统治的总体性无所不在。

全媒体的另一个效应体现在信息**制造**层面。人不仅是信息的接收者，也在时刻地制造信息。但是全媒体时代下的信息制造不同于信息传递的原初形式。信息制造出来的目的就是为了传播。在无媒介的信息传播过程，即信息传递的原初形态中，信息被制造出来之后可以直接地传播到接收者那里。不仅信息的制造者、接收者都是明确的，而且信息传播的方式是自由的。制造者可以按其目的制造出各种信息，而不用考虑信息接收者的偏好。而这种原初方式在历史上只存在于原始社会时期的部落中和早期聚落中。随着历史的发展必然会被更新型的传播模式替代。之所以如此，是因为不断增加的人口使得远距离信息传递变得重要。信息传递之间必然依赖于媒介。而媒介的诞生又反过来制约了信息的制造过程。信息的制造只能依附于媒介的形式不说，信息制造者已经不能清楚地确定信息的接收方了。因而以媒介为中介的点对面的信息传播方式出现了。信息过度依赖于传播效用而较少注重内容本身的生成，而随着媒介的多样化，又更是出现了为了传播而传播的消息，比如谣言和广告。

而在全媒体时代信息制造模式又有了新的变化。新媒体技术的不断应用首先使得叙事方式有了改变。在叙事方式上，全媒体时代的叙事方式是交互的、跨媒体的。所谓交互叙事是为观众提供了预先设定好的故事模式与选择模式，使其能够对情节产生影响。而跨媒体叙事则是通过多种媒介平台传播的、形式多种多样的围绕一个核心故事和角色开发出的许多系列故事①。这两种模式都颠覆了传统叙事模式。就前者而言，交互式的创作使得原先模式中的信息接收者和信息创作者的界限模糊了。因为在信息制造的过程中，原有的信息创作者只是在"开启"或"设置"一个信息产品，而后续的信息都需要接收者补充或选取。随着受众对信息运作的流程越发的熟悉，受众已然改变了原先被动接受信息的过程，而是主动地参与到制造信息的过程中。不仅开启一段信息，而且也不断对其进行修补。交互式叙事模式就是在这种广泛参与的信息创作过程中应运而生的。在日常生活中，交互式叙事模式体现在新型的视频中。例如在某平台发布的视频中，观众可以通过选取不同的选项从而推动整个叙事过程朝向不同的方向发展，进而获得不同的结局和观感体验。而这种交互式的信息创作方式更多地体现在新型视频作品的制作流程中。

其次，全媒体时代出现了同侪创作的新形式。在全媒体时代，创作主体不再是有着固定界限的某个人或某个组织，而是众多不认识的个体围绕一个主题进行创作。这种具有统一目的的创作可以称作同侪创作。其背后的逻辑和基础是互联网兴起之后的同侪智慧（collective intelligence，一译集体智慧）。这个术语是学者皮埃尔·莱维（Pierre Lévy）和德里克·德克霍克（Derrick de Kerckhove）在 1998 年最早使用的。其最早使用这个术语指涉"网络化的信息与计算机技术（ICTs）"大规模应用以来，社会知识共同积累背后的生产力。同侪智能即源于网络传播带来的人际交往范围的扩大，也得益于人们可以利用网络化的数据库来生产、编写、存储和提取知识②。可以说，同侪智慧是伴随着互联网 2.0 时代兴起的一项必不可少的信息创作模式。其主要应用在知识类信息的创作上，例如词条、百科等数据的创作。相比较

---

① 参见〔爱尔兰〕凯莉·麦克莱恩：《交互叙事与跨媒体叙事：新媒体平台上的沉浸式故事创作》，孙斌等译，北京：中国传媒大学出版社 2021 年版，第 3 页。

② 参见〔法〕特里·弗卢：《新媒体 4.0》，叶明睿译，北京：人民日报出版社 2019 年版，第 26 页。

于一般的信息依赖传播效力和对象,知识类的信息看重内容的真实性、可靠性和全面性,因而需要专业且众多的创作者。互联网能够提供一种新的创作模式,打破了既定的分工,而实现相对自由地知识创作。这里所谓的"自由地"是指创作主体可以任意按其喜好挑选其要创作、补充或修改的内容。在这种创作模式下,全媒体时代的同侪智慧可以有效地利用人力资源和社会资源,突破原有信息创作中的空间限制,而在一个横向连接着的网络中完成创作的同时刺激了今日知识经济的迅猛发展,使得知识这种特殊的信息形式得以变现。

再次,全媒体时代出现的一种为传播而传播的创作模式。按照传播的一般目的,信息之所以被传播是因为信息制造者有着交往的需要,也因为信息的内容有一定的价值,而非将传播本身当作传播的目的。这就是在当今的全媒体时代中广泛流行的自媒体的传播模式。所谓自媒体就是以自我及为自我服务的幕后组织为主要阵地的自我营销。自媒体通过自我编排和设定的节目传播关于自我及自我视角所见的一系列信息。与其说自媒体是一种信息创作,不如说它是商业模式。实际上,自媒体是当下的一种非常普遍的营销手段。自媒体的主体是一个或多个主播。其在传播信息的同时也在市场中谋求利润。而从信息制造模式的角度来看,自媒体这种新生的媒体最不看重的恰恰是信息创作本身。因为信息的制造离不开信息的内容和预设的对象——信息接收者。而在自媒体运营模式中,信息的内容和信息对象完全是市场化的。也就是说任何能够带来盈利的主题和群体都可以参与到信息制造过程中来。而且大多时候,信息本身并不具有价值,而相比之下信息创作者本身所塑造出来的形象已经远超信息的价值。在自媒体创作模式中,信息的制造是最初级但最不重要的环节,更重要的是信息如何传播出去,如何为更多的潜在用户观察到并为之付费。在目前出现的一系列的自媒体运营指导书籍中,自媒体人(包括其团队)不仅仅是信息的制造者,同样也是个人品牌形象的管理者,也是市场分析师,还要与受众之间保持互动。因而信息制造最终以传播收场。以传播为目的的制造模式也大行其道。

全媒体时代的精神生产活动及其反思——基于马克思主义的研究视角

在上述提到的信息制造的三种新变化中，我们惊讶地发现，随着互联网技术兴起的三种新的制造模式——无论是交互式的跨媒体的叙事模式还是同侪智慧的知识制造抑或是自媒体的传播中心的信息制造——都或多或少离不开平台。同侪智慧能够使得知识积累，但其技术基础必须是互联网服务商提供的平台。否则其本身具有的特殊之处就不复存在。而自媒体的运营模式要获得更多的传播效应也必须依赖于平台技术的使用以及平台流量的倾斜。因为这种新媒体的受众本身就是平台终端程序的用户。至于交互式的叙事模式则更依赖于平台提供的技术支持，即便在电影工业中，获得观众信息的反馈也需要平台的统计与计算。可以说，在全媒体时代的信息制造都离不开平台这个总体性组织的支持。而这恰恰也反过来验证全媒体时代的"全"的重要性和不可或缺的地位。

最后，全媒体的效应也体现在信息**传播**层面。传播是历史的产物。信息的原初状态不需要大面积的传播，而只是面对面、点对点的信息传递，而非点对面的信息传播。现代媒介的信息传播首先依赖于19世纪后半叶电报的产生[1]。在传播的过程中，信息通过编码得以不断复制，大大增强了信息的传播范围和传播力度。而且，个体、群体、机构、整个社会和文化经由传播得以启蒙与赋权，进而采取行动[2]。可以说，传播已经成为现代媒介应用以来不可或缺的一个考量维度。

那么，在全媒体时代信息的传播效用是如何来衡量的呢？由于互联网技术的应用，全媒体时代的信息传播与传统的新闻报道等传播模式有着较大的差异，因此以对传统报业等媒体的评价体系来衡量全媒体时代的传播力度只能说是削足适履，无法跟上时代的潮流。对此，相关学者在此方面做出的贡献值得借鉴。

---

[1] 参见〔丹麦〕克劳斯·布鲁恩·延森：《媒介融合》，刘君译，上海：复旦大学出版社2020年版，第3页。

[2] 参见〔丹麦〕克劳斯·布鲁恩·延森：《媒介融合》，刘君译，上海：复旦大学出版社2020年版，第5页。

有学者聚焦于虚拟世界主义是余下的全媒体新闻生产，进而专门为社会化媒体制定了一套评估体系。这里涉及几个重要概念。所谓"全媒体新闻"是指"在'全球、全民、全媒'理念下，综合运用文字、图片、图表、音频、视频等传统媒体手段和以社会化媒体为代表的新媒体平台进行新闻的生产与传播"。这里的"社会化媒体"即社交媒体，它是指"互联网上基于用户社会关系的内容生产和交换平台"。所谓"虚拟世界主义"是直接将媒体与世界主义结合起来，以表明其在媒介化的社会空间中，文化和社会资本可以通过社会化媒体网络传递。这种理论将媒体置于中心位置，强调"媒体（特别是社会化媒体）在全球公共政策制定和实施中的作用"[1]。基于如上定义，全媒体新闻传播效果的评估分为"内容生成能力""传播延展能力""议题设置能力"三个方面，并进一步将其细化。其中内容生成能力包括报道数量和质量两个层面。而衡量报道数量的是文字稿量、图片稿量、视频稿量等；衡量报道质量的是首发率、原创率和多样性。传播延展能力包括报道吸引力和报道延展性。前者依赖粉丝量、浏览量和收藏量来衡量；后者依赖点赞量、转发量和评论量来衡量。议题设置能力包括议题配比的合理性，即议题中涉及国别的种类和比例以及各种新闻题材的数量比例；还包括媒体议题的设置能力和公众议题的设置能力。[2]

这种评价体系尽管是以新闻媒体为核心来评价，但其设计的相关评价项能够较为全面地量化分析信息传播效用。因而可以将这样的评价系统引用到全媒体时代的信息传播层面的评价。但是从全媒体时代的特征来说，全媒体时代的主体的广泛性和组织的总体性这两个层面也可以成为衡量全媒体时代信息传播的衡量指标。按照传统的观点和一般的常识，要衡量信息的传播效用必然要考虑信息本身，而不过多考虑信息的主体制造者。但是全媒体时代的信息制造者同样是信息的传播者，两者的身份是合一的。因而，信息传播

---

[1] 刘滢：《国际传播：全媒体生产链重构》，北京：新华出版社2016年版，第10、12、32页。
[2] 参见刘滢：《国际传播：全媒体生产链重构》，北京：新华出版社2016年版，第143—144页。

的效用可以依赖参与整个信息制造环节的群体数量和人员构成来衡量。一条信息参与的人数越多，参与者的身份差异越大，那么这个消息本身就具有了一定的传播效用。而且这种效用相比于对信息的点击、观看、接受来说，更具有有效的信息传播力度。因而，这种从主体方面衡量全媒体时代信息传播效用的衡量指标更为客观且真实。另一方面，全媒体时代的组织具有总体性，这意味着任何消息的传播都离不开"平台"这个总体性的中介。但是平台本身并非全然客观的不以人的意志为转移的东西，而是具有鲜明的倾向性，尽管这种倾向性源于利益诉求，但是平台的倾向性可以造成信息质量和信息传播力度的非正向关系。也就是说，在全媒体时代的信息传播中，并非传播效力越广的信息具有的有效价值最多，反而是越受到用户认可的信息传播的越广，越受到平台支持的信息传播的越广。这种情况导致全媒体时代的信息传播效用在一定程度上的失真。因而，必须考虑平台对整个信息传播过程的主动性干涉及其负面的影响。总而言之，信息传播在全媒体时代的衡量标准可以是定性的也可是定量的，但是就全媒体时代的主体广泛性和平台的总体性而言，无论是使用平台的用户还是相关领域的研究者都应清楚地认识到全媒体时代带来无与伦比的传播效用的同时，也暗含着某种不真实的元素。

在这一章中我们从概念出发，讨论了媒介和媒体这两个概念的差别，并经过历史考察指出了新媒介的演变以及互联网技术应用以后（尤其是当今如日中天的 Web2.0 时代）的新媒体的形态，进而讨论了全媒体的两个特征——主体的广泛性和组织的总体性，并在这两个特征的基础上讨论了全媒体时代在信息接受、信息制造和信息传播上的三种特殊的变化。尽管我们的考察是从概念辨析出发，但也不排斥对历史事实和现实数据的引用，因为只有如此才能真正地在清晰概念的基础上辨明主题，进而从实践出发去诊断全媒体时代的时代特征，并为后文中的一些讨论奠定充分的时代背景。

第三章　全媒体时代的精神生产活动及其批判

我们能从马克思恩格斯的著述中提炼出一套关于精神生产的经典理论。之所以说它是经典的就在于其既能按照马克思的立场和基本观点提供一些原则性的论断和范畴以分析现实，也在于其基于马克思恩格斯的经典著作文本，而未能超出其文本语境和时代背景。因此我们既可以借用第一章得出的诸多概念、范畴和结论去审视第二章所谈及的全媒体时代的诸多现实情况，也会发现这一马克思主义的经典理论和当前中国社会乃至西方资本主义社会中的现实并非一一对应的关系。因此，我们首先要尝试用理论去反思现实处境进而要去改进理论自身以增强理论在实践问题上的有效性。这样一来既可以在现实抽象化、理论化之后得出一些发人深省的结论和启示，也可以通过反思既有的理论本身，确定其适用范围和限度。

第一节　计算机与全媒体时代的信息传递

在第一章中，我们从理论出发，基于马克思主义的经典著作梳理出一种新的生产理论，即在马克思那里未言明但却在马克思主义解释者中可以重构的精神生产理论。在第二章中，我们从实践出发，基于互联网技术兴起后的

全媒体时代的精神生产活动及其反思——基于马克思主义的研究视角

几十年的历史，梳理了全媒体的特征和在当今时代的诸多效果。那么当我们用理论照见现实会得出什么样的结果？马克思主义的精神生产理论和全媒体时代之间的关系又是如何？对此，我们首先要回顾第一章中得出的诸多推断和结论。

马克思在批判黑格尔主义者和继承费尔巴哈的唯物主义立场的基础上，从现实的角度去考虑人的解放问题，并由此衍生出一套生产逻辑。在这种逻辑中，包含着经由人的生产活动中介了的生活条件。即是说，人的生活条件本身是由人自己的生产活动创作出来的。而不同的生产活动创造了不同的生活条件。对于精神生产来说，其内涵超越了狭义上的"生产自身的生活资料"方面，而是扩大到了人的精神生活层面。这种精神生活涉及与物质生产相适应的某种社会意识形式。而马克思的精神生产就是指社会意识形式这些精神产品的生产。社会意识形式既是精神领域中的，又具有社会属性。就其精神性而言，精神生产是人的头脑中的观念和思想等精神产品的生产过程。但是这种过程不仅在人的头脑中完成，也外化在社会交往的过程中。因此，社会意识形式并非个体头脑中所有思想、观念、意识的总和，而是满足个体的社会交往需求的那些思想、观念、意识的总和，并在语言中表现出来。

按照马克思对精神生产的相关论述，在第一章中，我们得出了一系列推断。首先，精神生产产品无论隶属于政治、法律还是其他范畴，都是表现在语言中的思想、观念、意识等社会意识形式。其次，精神生产的生产者具有社会属性，精神生产过程处于个体交往着的社会共同体内部。再次，精神生产的内在性表明其预先环节是在头脑中概念的成型。最后，出于精神生产的产品具有某种共通性，形成较为固定的意识形态。

不仅如此，在第一章中我们以实践哲学的视角描述了精神生产现象。精神生产作为现实的人的实践活动，依赖于满足现实生活着的个体的原初的交往需要，进而我们可以将精神生产看作一种劳动。正如马克思早年和晚年将物质劳动看作满足人的不同种类的需要一样。精神生产也满足了人的精神需要。这就是交往需要。不仅包含着精神产品的语言被使用之时就是这种需要被不断满足之时,而且要实现主体间性层面的共识,即在精神生产者与其先天对象化阶段设定的交往对象之间达成和解。而且精神生产活动主动对象化了某种显象,即在实践过程中将诸多感觉要素概念化或观念化,获得语言中的主词及其内涵,进而使得语言中的精神产品获得沟通价值。理论的重要作用在于对现实层面的实践进行约束。当我们从如上论断出发,去寻求当今的全媒体时代中的诸多现实时,我们能否找到以及如何界定一种全媒体时代的精神生产活动?

精神生产不仅仅是高屋建瓴的理论体系,也涉及对于人的实践活动的描述。精神生产活动就是满足人的交往需求的实践活动。按照第一章中我们对马克思主义精神生产理论的重构结果,可以知道精神生产活动必须包括两个必要的条件:(1)这一活动目的在于满足人的交往需要;(2)这一活动的载体包含诸多精神的要素,即表现为语言中的个体的社会意识、概念或观念。

那么根据第二章中的诸多论述,我们能否从历史和现实中发现精神生产活动的实际形式?实际上,早在人类社会形成之初就有一种活动符合上述条件。按照其功能我们可以称这种活动为**信息交往活动**。所谓信息交往活动实际上是指个体制造出社会意识形态以信息的形式传播给他者的过程。其本质是传输者之间的信息传输。而信息交往活动的载体——信息就是个体精神生产活动的原初成果。因为信息既满足人类个体交往的需要,也满足精神生产的一般形式,即信息作为文字体现出人的社会意识、观念和概念等精神要素。

无论通过第二章对媒介和媒体发展史的论述还是对全媒体时代的诸多显象的论述,我们可以发现全媒体时代精神生产活动——信息交往活动早已经在漫长的人类历史长河中长期存续了。早在原始社会人们面对面传递信息,直接通过语言将自己所制造出来的那些包含着自己的社会意识形式、概念和观念的信息传递给接收者,完成一对一的点对点传递。而随着物质生活的发展以及社会交往的进一步需要,社会交往活动在形式上不仅仅局限于点对点这样一对一的传递信息的形式,也逐渐产生了一对多、多对多等形式的信息传递,而且在物质上出现了各种各样的媒介增强着信息传播的广度、深度和效率。可以说信息交往活动体现在人类历史发展的各个阶段,而人类历史发展就是信息传播的深度、广度不断延展,信息传播的中介不断推陈出新的过程。

那么,全媒体时代的信息交往活动是否也称得上是精神生产活动呢?

显然,从我们个人的日常经验来说,全媒体时代下的个体不间断地传递着信息,并满足与他人的交往需求,而且这些传递的信息无论以何种形式传播都包含着某个甚至某些个体的社会意识形式。因此,在全媒体时代必然存在着信息交往的精神生产活动。例如,当我们使用社交软件向朋友甚至陌生人发送一条信息,那么这种活动依然就是精神生产活动的范畴了。因为就其载体——信息而言,其中包含着个体所要表达的概念和观念;就功能而言,其要满足个体的社会交往需求。因此这种信息交往活动就可以算作精神生产活动的一种典型代表。

但问题远不止于此。当我们进一步探究这种现实中常见的活动,就会发现在我们所处的时代——全媒体时代甚至再往前倒退几十年的新型媒体普遍应用的时代,我们传递信息的广度、深度和效率是有代价的。这种代价就是我们在信息传递和信息交往过程中不仅离不开电子化的设备,也离不开这些设备上的程序。而无论是电子设备还是人工设计出来的应用程序,都是基于底层的计算机技术。没有计算机这个最为基本的中介我们不可能在信息交往活动中获得成功。毋宁说,计算机技术已然成为当今时代人类不可或缺的信息传递中介。在全媒体时代乃至互联网技术普遍应用的今天,个体之间传递信息而要实现的交往活动已然处在一种复杂的链条,即"个体—计算机—另一台计算机—另一个个体"中。个体必须将其精神活动中形成的概念和观念作为信息输入到一台正常运行的计算机中,并且有可能被另一台正常运行的计算机捕获,然后表现给另一个个体。也就是说,全媒体时代的精神产品如果要满足其制造者的目标——交往,则不能离开计算机这个物理上的媒介。

在历史上,人类的信息交往活动从没有如此这般地依赖某个媒介。不论是占据人类文明史大量时段的纸质媒介，还是现代化产生的电话、电报、广播等电子化媒介，人类都不必"在乎"这些媒介本身的形态，因为这些媒介只是作为"物"的存在，人们只是这些媒介的"直接"使用者。纸制品是人造物；电话等设备是人发明的电力应用的成果。人类在发明其之后就可以直接使用它们，而不用考虑其自身的系统性和迭代。但是计算机不仅是上述这些"物"的形态，更是运行着某种自洽语言的机器。尽管个体在传递信息的过程中直接输入字符就轻轻松松地将信息传递给一个或多个信息的接收者，但是这些活动依赖于的中介是电子设备上五花八门的程序，而这些程序能够正常运行乃至这一设备能够正常运转，都依赖于其背后的"语言"的自洽性。而人类在实现现代化的信息交往活动之前必然要按照某种规则制造出这样的中介并保持其正常运行。

若要使计算机正常地运转不仅仅依靠电力，也依靠背后的组织的**系统性**和一种预先的活动，以完成中介的自我制造。而这种预先的活动就是电子化的**编码活动**。

在介绍编码活动之前，我们应先了解现代信息传递的中介——计算机的系统性。当今时代的电子计算机包括硬件和软件两部分。硬件是计算机中看得见、摸得着的实体装置和设备。电子计算机的硬件包括处理器、存放指令和数据的存储器以及输入输出设备。这些部件构成了经典的"冯·诺伊曼体系结构"。按照其功能，在当今电子计算机的一般配置中，CPU 提供运算和控制功能，内存和磁盘用于存储数据，键盘、鼠标和显示器用于连接操作人员。

CPU 是计算机的大脑，我们称之为**处理器**或中央处理单元。其可以按照指令表执行相应的操作。这些操作包括运算、搬运数据等。RAM 是计算机的主存储器，即随机访问存储器，我们通常称其为"**内存**"。其中保存了处理器和计算机其他部分正在活跃使用的信息。它不仅保存 CPU 正在处理的数据，也保存了让 CPU 如何处理数据的指令。当我们运行一个程序的时候，所有的信息都会被储存在内存中。但是这种储存并不是永久的。当计算机断电后这些活跃的信息都会抹去。而且内存存储信息的规模也是有限的。衡量信息大小的单位是字节。一个字节大小等于一个字符或一个整数数值或者一个大数值的一部分。与 RAM 对应的存储信息的设备是**磁盘**等大容量的存储器。磁盘也称硬盘或光驱，能够在断电后长时间的保存里面的数据、指令以及其他信息。其原理是通过对旋转金属盘表面的磁性材料的微小区间进行不同方向的磁化。此外就是物理上的输入和输出设备。计算机配套的输入设备有键盘、鼠标、触摸屏幕等，而输出设备则包括显示器、打印机、扬声器。计算机作为一个整体的系统，通过各种各样的电缆或者更为先进的蓝牙技术将这些硬件装置联系起来。

如果一个个体要将既有的精神产品即某种表达在语言中的信息通过计算机这一媒介传递给他者（无论一个还是多个），那么这些信息会经历什么样的旅程呢？首先个体先通过鼠标、键盘等输入设备将信息文字化地输入到计算机中，进而按照计算机中处理器的指令活动。当然处理器最大的指令就是在计算机联网的情况下将信息传递给另一台计算机。而内存则保留着这样的指令和信息。而在计算机联网的情况下，信息传递到了另一台计算机上，并执行了另一台计算机处理器的指令，并通过屏幕等输出设备传递给信息的接收者，以实现信息的传递过程。而另一台计算机的内存则保留着信息及其执行的命令。而当个体关闭计算机时硬盘等存储器则长时间地保存了发出或接收的信息。

信息的传递与计算机硬件系统的每一个组件相关，而计算机的一个功能就是通过网络传递信息。正是计算机的应用使得人的精神活动产品实现了其原初的价值，满足了人的交往需求。但问题在于，计算机并非人类，人类信息所使用的文字在计算机那里是无意义的。换句话说，计算机不能直接识别人类的信息。这样一来，要使得计算机正常运转充当人类信息交往活动的有效媒介则还需要一种预先的行动。这就是对计算机的编码活动。

编码是人类一项古老的活动，自古以来成为人类信息交往的有效手段。在古老的时期，人们为了有针对性地点对点传递信息而不使他者获取到信息的内容，特地商量出一套公认且简便的符号或行为系统，并分别赋予其含义。而信息传递的过程中只传递这些简单的符号或行为则预设的接收对象自然而然就能明白信息的来源和含义。在历史上，人类编码活动的杰出成果就是摩尔斯电码（Morse Code）。它是用短闪和长闪这两种闪光形式的不同组合表示语言中的最小单位——字母。在书面上，莫尔斯电码则用"点"和"划"的组合形式。而对于计算机来说，编码活动则是一种非常基础且必要的与计算机打交道的手段。

通过对计算机硬件设备的描述，我们知道计算机不仅接收信息也储存信息。但是计算机的存储器只能存储比特。这意味着计算机的世界并非人类世界的镜像或者模拟，而是具有独立的逻辑的数字世界。因而信息表现在计算机那里并非是以其原初的面貌，而是转化为具有不连续的数值的模块。人类所提供的信息就是一个个不连续的数值。相对而言，镜像或模拟世界的信息则是一个个平滑且连续的数值。这里有必要解释下"平滑"的含义。平滑是与离散对应的概念。在模拟装置中，某些事物（应变量）会因为另一些事物（自变量）的变化而变化。这种变化过程是没有间断的。这就意味着，自变量微小的变化会引发应变量微小的变化，同理自变量巨大的变化也会引发应变量巨大的变化。但是对于实际的信息来说却不是这样。计算机的数字处理的是离散值，即其可能的取值是有限的。这就意味着，自变量的变化有可能不会影响应变量的变化，也有可能影响应变量突变。我们可以通过电子表和机械表来理解这两种方式，机械手表的表盘配有时针、分针、秒针，每一个针对应的时间单位尽管不同，但是其要使得数值加一则必须完全扫过对应的区域才能够完成转变，即是说，其转变是平滑的；而电子表数值加一是通过电子设备瞬间变更显示完成的。

遗憾的是，也许是出于其最初设计理念——计算，计算机世界的核心采取的是数字的模式，而非模拟或镜像的模式。但对于信息来说，这意味着信息必须**数字化**过程之后才能被计算机接收进而通过另一或多台计算机传递给他者。个体在头脑中制造出观念、概念等精神产品，而这些产品最终要在输入端尽可能地转换成数字的形式才可以进入下一环节，执行计算机处理器的指令，也才可以被内存、硬盘等存储器保存下来。而在输出端其又尽可能地转变成模拟形式，被人类所理解。

  文字的数字化是信息数字化中最为普遍的方式。文本包括文字、数字和标点符号。人们必须为它找寻到一套系统使其数字化。这种系统就是字符编码集（Coded Character Set），系统内的每个独立的编码称为字符编码（Coded Character）。它们在被数字化的过程中都表示为二进制的比特（bit）。比特是binary digit（二进制数字）的缩写，它是表示数字信息的最基本单位。计算机就是采用二进制来处理信息。一般来说，有 N 比特，则会有 2 的 N 次方的可能性。在现代计算机中，数据处理和内存的基本单位是字节。一个字节等于 8 个比特。一个字节可以编码 2 的 8 次方（即 256）个不同的数值。而这个数值可以代表 0—255 的整数，也可以代表一个字符或其他东西。

  数值代表整数可以理解，毕竟只要将我们日常使用的十进制转变为二进制就行。但实际上，二进制书写起来太长，因而在实际的计算机程序中往往采用十六进制，用 0、1……9、A、B、C、D、E、F 来代表数字。那么计算机中字符如何被数字化呢？理论上说，每个人都可以随意编码以实现数字化，毕竟字母和数字并非固定对应的关系。但是为了最大可能实现计算机之间的交互功能，实现计算机兼容，则必须采用统一标准进行编码。目前国际计算机产业中采用的统一编码标准是 1967 年公布的美国信息交换标准码（American Standard Code for Information Interchange），简称 ASCII。它是 7 位编码，其二进制取值范围是 0000000—1111111，对应十六进制是 00h—77h。这一编码标准的使用，意味着不仅字母有着固定的 ASCII 字符，标点符号也有固定的对应关系，进而使得文本基本上实现数字化。

  对计算机来说，不只是文本信息可以数字化，图片和音频信息也可以数字化。首先来探讨图片的数字化。胶卷相机是将胶片的感光数区暴露给被拍物体反射的光线。也就是说，胶片上不同区域接收到的不同颜色的光亮决定了胶片上的染料，进而决定了胶片洗出来之后的颜色。数码相机则是镜头将镜像聚焦到矩形感光器阵列上。这个阵列位于红、绿、蓝滤镜后面。而感光器由微小的光敏探测器组成。每个探测器都带有一定数量的电荷，并与落在其上面的光量成正比。数码相机之所以能将图片数字化，其实质就是这些电荷的数字化。这些电荷被转换为数值。探测器越小、数量越多，电荷测量的结果就越精细。传感器阵列每个单元都对应一个像素，即像元。像素的颜色通常由三个值表述，分别代表红、绿、蓝光的强度。而照片的数字化就是表现光强度的数值序列。

声音的数字化首先离不开声音的储存技术。声音是通过振动或快速运动引起的压力波动在人脑中的神经活动。19世纪，爱迪生将声波转换成蜡筒上的类似的螺旋沟槽，录得了声音，并通过这些沟槽创造出的类似的气压波动使得声音回放出来。而声音的数字化则是在此基础上将空气压力随时间的变化情况的数字化。我们可以以固定时间间隔测量声波的电压值，可以得到一系列柱形图，并将其转换成数值，进而在计算机中编码以实现声音的数字化。

信息的数字化并不代表信息交往活动的完成。因为信息不仅要被计算机接收，更要被信息的对象成功地接收。信息的接收尤其离不开计算机的软件部分。

软件是能够让计算机完成某种任务的指令序列。如果说计算机的硬件只是接收了我们的信息，而要使得这些信息按照我们的意图实现交往需求则必须依赖特定的软件。而同在计算机硬件系统中遇到的问题一样，计算机不明白我们的意图，而我们则必须通过特定的**算法**和**编程**让计算机知道我们的意图是什么。

算法是保证计算机在特定计算过程中执行的正确步骤。算法的每一步都是一种含义固定的操作。任何算法都是为了满足一定的目的、实现一定的功能而设计的。而对于精神生产的产品来说，其目的就是将计算机接收到的信息成功地发送给预设对象。这里的"成功"可以理解为高效、快捷、真实而又具有一定的隐蔽性。所谓高效是指信息在计算机中的处理速度和效率。所谓快捷是指信息在发出者和接收者之间往复的速率。所谓真实则是信息被原封不动地传递给接收对象。所谓隐蔽性则是信息传递的各个环节都能够做到不泄露。从目前的计算机设备及其应用来看，算法基本能够保证上述要求。而随着人类需求的复杂化，这些传输着的信息又必须可以被查找、可以被编辑、可以被删除、可以被及时反馈。因此算法也随着人的信息交往活动而变得越加复杂。

如果说算法是那种忽略实际案例的抽象的、理想化的计算机应用，那么我们有赖于另一种具体的**程序**以及运行这些程序的**编程语言**以在信息传递过程中实现如此之多的功能。程序之于算法犹如具体建筑之于建筑图纸。程序所针对的对象是计算机运行之中的具体的问题，例如内存不足、提升处理速度等。对于精神产品来说，计算机并非可以理解人类语言和文字的智能体，因而必须有处理信息的程序，否则信息不仅无法传递，更无法识别。

编程语言能让我们表达完成某个任务所需要的计算步骤。编程的本质是让计算机代替人处理人力难以短时间完成甚至根本不可能完成的任务。20 世纪 50 年代开始出现了一些能够代替人类处理事务的程序——汇编器（assembler）。操作者或程序员可以使用有意义的单词来表示指令，用名字对应内存中的特定位置。而这些对应关系就是最初的汇编语言。它通常与 CPU 的指令一一对应，将 CPU 的特定指令编码为二进制方式。而随着历史的发展，20 世纪六七十年代，更贴近人类思维方式的高级编程语言出现了。它独立于各种体系之外，可以无修改地在各种不同的体系上运行。这些语言包括先后出现的表达科学和工程计算的 FORTRAN、商业通用的 COBOL（Common Business Oriented Language）、初学者通用的符号指令代码 BASIC（Beginner's All-purpose Symbolic Instruction Code）、应对复杂程序的 C++ 以及目前普遍应用于 Web 的 Java 等。而对于精神产品来说，这些语言都可以指挥计算机来处理信息以达成交往的目的。

而信息在经过这些语言的处理之后，就会展现在程序中，并且通过程序的联网最终实现信息的传递。程序本来是计算机在完成任务过程中形成的固定功能的应用，其重要性远不及编程本身。但是对于信息传递来说，随着手机、平板电脑、便携式电脑等设备的普及，程序成为信息接收者和发出者可以直观见到且频繁使用的计算机软件。甚至在大多数情况下，实现信息传递的双方只依赖既定的编程和正常运行的网络就可以在程序内达成其交往目的。因此，程序对于大多数全媒体时代下的互联网使用者是"日用而不知"的。

目前购置的电子设备都已经预置了大量的程序。其中的一些程序就能够实现个体间的网络交往功能。而无论这些程序实现的是什么功能，其都离不开既定的**操作系统**。作为计算机软件的重要组成部分，其实质是让计算机来管理自己。目前最普遍的操作系统是微软公司研发的 Windows 以及以苹果公司研发的 Mac OS X、三星公司研发的 Android 等为代表的 Unix 系统。从功能上来说，操作系统不仅控制、分配计算机资源，同时管理着数十个共同运行着的进程或任务（处理并传递信息只是其中一个功能），而且它管理 RAM，将程序加载到其中以便执行其命令。最后，对于信息来说最为重要的是，在计算机的软件体系中操作系统负责管理存储在磁盘上的信息以及协调外接设备。在当今普遍应用的操作系统中，文件系统专门让硬盘、CD、移动存储设备等物理存储器变成由文件（file）和文件夹（folder）组成的层次机构，以方便信息的发出者和接收者直观地处理文件中的信息。它能够在不同的设备上组织和存储信息。文件系统在计算机中管理着信息，方便其他程序和操作系统的其他部分读写（获取和编辑）信息，并能够统筹整体的信息以避免其相互干扰。同时文件系统也记录了信息的物理位置，确保其各就各位，相互之间不混淆、污染。而且文件系统在一定程度上保证了信息的隐私权和安全性，不会让其他用户访问文件中的信息。此外，文件系统还实行了配额管理，保障或限制用户存储的信息数量。

以上我们介绍了单一的计算机的硬件和软件体系。信息要实现交往功能必须依赖计算机这两大体系的完善。然而孤立的计算机只能在计算机的使用者之间传递信息，而要进一步实现信息的传递也离不开电子计算机的通信技术——**网络**。

在上一章介绍新媒介的时候我们曾经提及当代互联网技术的发展史和网络技术。但是从信息在计算机之间的传递这一角度来看，网络是保障信息通讯的必备条件。互联网作为一种通信系统，将信息转换成物理形态的表现方式，以便通过某种可靠的媒介运输。历史上最早出现的传递信息的电子化网络是电话网。它不仅传送语音，也通过调制（改变要通过声音信号传输信息的形式）和调制解调器（modem）传输数据，实现了数字化信息和模拟声音之间的转换。随后出现的是有线电缆网络。其原理是利用入户的有线电视电缆的剩余容量在家庭用户间传输数据。此外还有一种借助家庭电话线路的DSL（Digital Subscriber Loop）技术也可以在较小的距离范围内实现数据的互通。

而今天最为常见的信息网络是以太网、无线网和互联网。以太网（Ethernet）可以在同轴电缆相连的计算机之间传递信号。每台计算机通过相应设备连接到以太网并获得表示身份的符号，并将其信号视作基于强度和极性编码比特值的脉冲电压。信息在多台计算机之间的传递首先就要信息发出端监听信号没有被占用，进而将信息加上接收端的表示符广播到电缆中。而电缆上的所有计算机都可以收到这条消息，但只有接收端才能识别，由此保证信息传递过程中的隐私。与之相比，无线网络彻底从电缆的束缚中解放，利用电磁波这种特定频率的电波来传递信息。在发送信号前，通过调制将数据信号附加到载波上，进而可以通过调幅（AM）改变载波的振幅或强度来传达信息。无线网可以在一定的范围（频段）内使用，将数字化信息编码为适合无线电波传输的形式。其中最常见的无线网通信标准是IEEE 802.11b/g/n，就是我们所熟知的WiFi。而目前较为常见的网络应用是蓝牙、无线射频识别（RFID）以及全球定位系统（GPS）。而无线网的普及也催生了手机、便携式电脑、平板电脑、无线耳机等一系列无线设备。与其他所有网络模式相比，互联网是当前能够实现的最广泛的信息传递网络。它是一个松散的、自治的网络。它由上千万个彼此链接、相互交织的独立网络构成。通过网关和路由器将这些独立的网络中的信息数据包（IP包）从一个网络传递到另一个网络。而路由器一端连接着家用计算机等终端设备，另一端则通过电缆或DSL连接到互联网服务提供商（ISP）。而互联网要正常运转则必须依赖以下模块：其一是每台计算机主机的可辨识的身份——IP地址；其二则是这台主机的名字——域名；其三则是路由以保障为每个包查找从源地址到目标地址的路径以及最为重要的部分——传输控制协议（TCP），为信息传输定义了统一的机制和格式。

在这一节中我们从信息的角度出发，描述了促使信息传递的技术和设备支持。这就是计算机和网络技术。之所以我们花篇幅强调这种信息技术，实际上是凸显出信息在当代生产活动中所扮演的角色。当然从上一章媒介的角度出发，计算机和网络是新一代的媒介。网络模式脱胎于电报、电话、电视等新媒介，但其提高了信息传播的速率，扩大了信息传播的范围。而计算机则是一种设备媒介，其具有独立的操纵系统和运行模式。任何对于计算机的分析和反思都是必要的。这并不只是因为它的诞生和应用带来了信息传递技术的革命性突破，还带来了一系列涉及政治经济学和技术哲学等领域的新思考。

第二节 全媒体时代的精神生产：数字经济时代的数字劳动

上一节中我们探究了计算机、网络以及在这两个媒介运作下的信息传递过程。但是这样的过程似乎离我们在第一章中建构的那种经典的精神生产活动相去甚远。于是我们需要重新反思在当今网络技术普遍应用的时代，上一节中所描述的信息的传递过程在何种程度上属于精神生产活动。在探讨这个问题之前，我们仍旧要区分一对概念。这就是精神生产活动和精神活动。尽管在马克思恩格斯著作中都提及过这两个概念，但实际上这两个概念有着截然不同的区别。马克思指出现代社会中的分工使得物质活动与"批判""认

全媒体时代的精神生产活动及其反思——基于马克思主义的研究视角

识"等精神活动分离①;而恩格斯更一针见血地指出 19 世纪的那些英国工人"闭关自守,与世隔绝,没有精神活动"②。

对此,恩格斯详细地批判道:

"工作本身是无足轻重的,但也是极其单调的。这种工作不让工人有精神活动的余地,并且要他投入很大的注意力,除了把工作做好,别的什么也不能想。这种强制劳动剥夺了工人的一切可支配的时间,工人只有一点时间用于吃饭和睡觉,而没有时间从事户外活动,在大自然中获得一点享受,更不用说从事精神活动了,这种工作怎能不使人沦为牲口呢!"③

在马克思恩格斯那里,精神活动是全然在人脑中的活动因而其不具备以现实中的产品的形式出现的产品。其所谓的精神首先是指人的精神——大脑等器官的活动。而精神生产活动并非与精神活动全然对立。其也包括一部分精神活动,比如概念、观念等在头脑中的成型就是人的精神活动中最为普遍的一种。但是精神生产活动也包含着社会化的生产环节。它必须有着处于现实领域之中且具有社会属性的产品。在马克思经典论述中,这种产品就是语言中的社会意识形式。而语言恰恰是在社会交往中被使用的现实的工具。因此精神生产活动就在某种意义上称为社会化语言的生产活动。人之所以要进行这种活动是出于社会交往的需要。反过来说,恰恰是在这种活动中主体间性才得以成型。

而在上一节中我们描述的一系列信息传递过程实际上是这种经典的精神生产活动的延伸。这里的精神不是指主体上的精神,而是客体上的精神,是保留在现实中的精神产品中的精神要素。就功能而言,精神生产活动能够满

---

① 参见《马克思恩格斯文集》第 1 卷,北京:人民出版社 2009 年版,第 535 页。
② 《马克思恩格斯选集》第 1 卷,北京:人民出版社 2012 年版,第 89 页。
③ 《马克思恩格斯文集》第 1 卷,北京:人民出版社 2009 年版,第 433 页。

足主体的社会交往需要。而信息传递的方式决定着精神再生产活动的生产形式。不同时代的信息传递媒介的差别导致信息传递效率的差别，进而影响着精神再生产活动的效率。因而，精神生产活动广义上包括人的头脑内部观念、概念等社会意识形成的过程，也包括这些精神产品外化以实现其社会交往功能的过程。

而如果我们要从马克思主义解释史给予其恰当的定位，那么全媒体时代的精神生产活动就是**数字经济**（digital economy）背景下的一种**数字劳动**（digital labour）。这里涉及两个概念：其一是数字劳动，另一个则是数字经济。数字经济是我们从时代诊断的角度对当前经济发展模式的标签式的论断，而数字劳动则是从马克思主义解释史中借以定位的一个新概念。

如果说全媒体时代是从媒体的形式来对我们生活的时代加以概括，那么数字经济时代则是从经济发展模式方面赋予我们时代的标签。数字经济这一标签是在 20 世纪八九十年代，互联网技术日趋成熟之后，数字技术和网络技术融合的结果。1996 年唐·泰普斯科特（Don Tapscott）分析了美国高速公路普及之后的新型经济模式，并指出数字经济是在信息数字化和知识基础上的一系列经济活动。而随后美国商务部发布的报告《浮现中的数字经济（1&2）》（*The Emergency Ditigal Economy*）和《数字经济2000》（*Ditigal Economy 2000*）中将数字经济进一步定义为以信息通信技术的生产为核心的经济模式①。而随着信息通信技术的不断革新，这一技术已经应用到世界各主要经济体的各个行业之中，各国不仅采取相应政策扶植数字产业，并且制定一系列法律、法规引导其有序发展。数字经济已然成为整个经济产业和电子商务的主要模式，不仅仅是在传统行业的数字化上，而且出现了独特的数字产品（诸如计算机软件、电子游戏、电子音乐、电子书）和数字服务（电子邮件、电子支付等）。

作为对时代的概括，数字经济是继农业经济、工业经济之后更为高级的

---

① 参见徐翔：《数字经济时代：大数据与人工智能驱动新经济发展》，北京：人民出版社2021年版，第42页。

经济发展阶段，代表了以数字化技术应用的各行各业的总和。按照中国信息通信研究院给数字经济下的官方定义，数字经济是

> 以数字化的知识和信息为关键生产要素，以数字技术创新为核心驱动力，以现代信息网络为重要载体，通过数字技术与实体经济深度融合，不断提高传统产业数字化、智能化水平，加速重构经济发展和政府治理模式的新型经济形态。①

表面看来，凡是使用数字技术的经济体都可以说处于数字经济时代。但实际上，根据数字经济的定义，其内涵包括多方面的规定。首先在技术经济范式上，数字经济时代的技术包括数字产业化、产业数字化以及数字化治理三个方面。所谓数字产业化就是依赖数字化技术作为数字经济行业的主要生产要素和生产设备，例如基础电信设备、计算机、互联网等；所谓产业数字化则是农业、工业、服务业运行中的生产制度、创新模式、就业模式都受到数字化技术的影响；所谓数字化治理则是强调数字经济时代的数字技术对国家治理和社会制度结构产生的影响，例如多主体参与、数字化治理和数字化公共服务等。

正如农业时代的劳动力和土地，工业化时代的资本和工业技术成为主宰其时代的生产过程的核心要素，数字经济时代中的生产活动的核心要素是数据。日益增长的数据已经成为整个社会经济的基础性资源，有待人类的挖掘。自20世纪末以来，人类产生的90%以上的数据都保存在电子化设备中，成为计算机处理器的运行对象。而随着计算机的处理能力不断增强，人类可以更轻便、高效地处理海量的数据。

而之所以我们将精神生产活动归结于数字经济时代，恰恰是因为满足人类交往需要的精神生产活动是推动数字经济时代成型和发展的先导性行业。

---

① 参见中国信息通信研究院：《数字经济概论：理论、实践与战略》，北京：人民邮电出版社2022年版，第4—5页。

正如交通运输业推动了蒸汽时代，正如电气产业推动了电力时代，信息产业推动了数字经济时代的发展。信息产业成为数字经济时代重点投入研发的领域。尤其是信息通信技术产品的成本不断降低，各种传统行业首先开始应用数字化技术，利用电子计算机和互联网的方式来管理公司的日常运作，进而降低企业的运营成本。而信息产业也带来了回报——企业做出的决策、新生产技术和职业技能，关于市场、消费者和供给者情况的各类资讯。

而之所以将全媒体时代和数字经济时代联系起来，并将精神生产活动置于这两个时代背景中综合考察，恰恰是因为全媒体时代的特征之一——平台的总体性已然成为数字经济时代在组织上的变革成果。在数字经济时代，平台是"协调和配置资源的基本经济组织，是价值创造和价值汇聚的核心"①。当前各大互联网平台主体雨后春笋般的出现，传统行业也开始走向互联网，成立对应的平台。例如微软公司收购领英以融合计算机硬件技术和社交媒体软件平台，打造一种跨域结合的新经济形态。不仅如此，平台推动了行业间的组织关系变革。传统的产业结构是线性的，从上游的供应商到下游的经销商属于一条龙的生产和服务布局。而平台本质上建立共赢的生态系统，通过放开平台以吸引开发者（生产者的另一种称呼）加入的方式，不断扩大网络生产边界的同时牢牢地把握住线下的市场，使得企业在提升效率的同时有了源源不断的创新动力。

但是在讨论全媒体时代和数字经济时代的精神生产活动时，我们要区分信息经济和数字经济这两个概念。尽管数字经济以信息作为生产要素，以现代信息网络作为重要的载体，但是其和信息经济有着差别。数字经济中的"数字"一是指人工智能、区块链、物联网、大数据、云计算等人们耳熟能详的数字技术，也是指数据——特别是大数据——作为新的生产要素已经参与到了整个的经济运作中。而信息时代是20世纪90年代末到21世纪初的几十年时间中信息刚刚体现价值而没有被大规模数据化的经济发展模式。其代

---

① 中国信息通信研究院：《数字经济概论：理论、实践与战略》，北京：人民邮电出版社2022年版，第11页。

表仍是由巨头公司主导的 IT 产业和 IT 化的产业。而在具体的经济应用形态上，信息时代以服务和解决方案的范围经济为主，而数字经济时代则是平台经济和共享经济的结合体。而在商业模式、组织模式和文化习惯等方面两者也有差别。①

从数字经济的大背景来看精神生产活动只是为其提供一种实践上的背景，而从理论解释的角度看，全媒体时代的精神生产活动是一种数字劳动。但在解释为什么全媒体时代下的精神生产活动能够当作某种数字劳动之前，我们首先要清楚数字劳动这一概念是如何在马克思主义解释史中嬗变的。

数字劳动这一概念离不开近几十年来的马克思主义的解释体系。20 世纪六七十年代以来，随着欧洲左翼思潮的影响，马克思理论逐渐与其时代流行的后结构主义、后现代主义等理论结合起来以解释西方社会现实发展中遇到的诸多问题，并从历史唯物主义理论、政治经济学等视域展开批判。其中最具代表性的就是英美学界以媒介、受众和传播为核心概念的马克思主义的文化批判以及政治经济学领域中对晚期资本主义等社会形态的批判。而伴随着互联网技术的普及，不仅出现了一些新的媒介和媒体形式，而且产生了一系列围绕信息和通信技术（ICTs）的生产活动，因而马克思主义的政治经济学和社会文化批判中都纳入了对数字技术的考察与反思，并以此为支点深化马克思主义的经典理论。不仅如此，这一时期伴随着媒介的劳动化和劳动的媒介化这两种趋势。所谓"劳动的媒介化"是指数字媒介及其组织形式的数字媒体按照其自身的媒介逻辑重新塑造既有的生产关系且不断影响着社会秩序。所谓"媒介的劳动化"，则是在生产者和消费者日益模糊的今天，互联网受众在接收信息的同时参与到信息生产的过程。在这一过程中，用户的休闲时间转变为劳动时间，进而成为资本家利润的来源之一，而且其成本与传统的物质生产活动相比大大降低了。而在对这些新兴的劳动形式的论述上，学界出现了"后劳动""非物质劳动""知识劳动"等一系列新概念。而数字劳

---

① 参见汤潇：《数字经济：影响未来的新技术、新模式、新产业》，北京：人民邮电出版社 2019 年版，第 8 页。

动就是在这种学术背景下，试图概括新时期生产模式而形成的新学术概念。值得指出的是，西方学者在使用数字劳动这一概念之初就伴随着某种批判意识。提兹安娜·特拉诺瓦（Tiziana Terranova）将互联网用户浏览网页、聊天、评论、网站设计、软件设计等行为看作数字劳动，并指出它们属于"无酬劳动"（free labor）。其本质是一种被当作生产性活动的知识性消费行为，介入资本的积累和增殖过程。克里斯蒂安·福克斯（Christian Fuchs）则指出了Web2.0时代互联网用户的生产者身份，并表明其生产是其在创意活动、传播信息、建构社区过程中留下的内容[1]。他进而将这些生产者称作"数字劳工"，并将其外延扩大到所有将数字技术和ICTs作为生产资料的脑力劳动者和体力劳动者。

而对于信息传递这样的精神生产活动而言，数字劳动自然不可免俗地可以应用到对相关现象的描述中。但是这里所说的"数字劳动"必须是一个中性的概念。也就是说，其仅仅涉及现象的描述和概况，而不涉及价值判断和批判。从这个意义来说，我们更可以接受的是一种对数字劳动最广义上的定义：

>"它囊括了ICTs和数字技术产业链上的所有劳动，涉及数字媒体生产、流通与使用所需的各种体力和脑力劳动，如ICTs和数字硬件设备的原料采掘、加工组装等体力劳动；软件开发、在线平台设计与维护等脑力劳动；以及互联网平台在线用户的生产性消费行为；等等。"[2]

从这个定义不难发现，数字劳动的概念不再是马克思主义学界的术语，而是囊括目前整个数字技术领域和信息技术领域中的生产性活动。这种定义的好处是不再将其作为批判其他现象的工具，而是将这种活动本身当作研究

---

[1] 转引自姚建华：《数字劳动：理论前沿和在地经验》，南京：江苏人民出版社2021年版，第18页。

[2] 姚建华：《数字劳动：理论前沿和在地经验》，南京：江苏人民出版社2021年版，第189页。

的对象，因而积极地从马克思理论的精华中构建出一套理论体系。而这对于精神生产理论的时代化是具有方法论意义的。精神生产理论不能故步自封，拘泥于文本中的概念辨析，也不能仅仅局限于特定的视域，更不能局限于现象学方法的还原，而是要面对实践并通过实践经验而不断修正自身。因而这一定义能够使得我们在开展政治经济学的反思性批判之前对精神生产理论的本原状态，即非异化的状态进行一种理论上的预先建构。

那么作为一种数字劳动，满足人的交往需求的精神生产活动的生产者和产品是什么呢？

作为一种数字劳动的精神生产活动的生产者具有了数字化身份——用户。在上一节中，我们详细论述了借助计算机和网络媒介的信息传递过程，但是我们只是将重点放到信息这个环节上，而如果我们为信息的发出者或接收者找寻到一种可靠的称呼以明确其身份时。我们就会发现没有比"用户"更能描述这些信息持有者的人了。用户并不像无产阶级那样是一个社会学研究中的范畴，而是意味着其正在使用某种计算机软件程序的终端并具有发出和接收信息的潜在可能性。因而用户同时是生产者也是消费者——就此而言，某些学者的论断是正确的，消费者和生产者的界限正在模糊化。其在实现社会交往过程中，既向他者（无论其在不在场）传递着信息，也可以从他者（无论其是否熟悉）那里主动地或被动地接收信息。而与以往的劳动过程不同的是，在传统的劳动理论中人是劳动的主体，但是在用户那里，计算机也从某种程度上促进了生产过程（这一点我们将在下一节中做专题讨论）。而反过来说，用户也不一定只是个体，也有可能是一系列既定的组织，例如各式各样的新媒体。

其次，作为一种数字劳动的精神生产活动生产出来的产品是数字化的信息。正如我们在上一章中提及的那样，信息作为人造物通过在多态链接网络的计算机上的运行以实现人的精神生产活动的交往需求。而信息并非是人类可以直观识别的，而是要经过一系列的转码过程变为计算机可识别的语言。对于计算机来说，信息的基本单位是字节，其机制是二进制的代码，其转化规则有着明确的约定。而这些都是几十年来计算机传递信息的基本环境，也是人类在全媒体时代精神生产出来的数字化产品。

精神生产活动及其内在需求的满足为我们构建出一条经典的数字劳动模式。但这只是正常的运作模式，不考虑时代背景。而当我们考虑全媒体时代的精神生产活动的两个特征，则会发现这种模式已然有所异化。第二章中我们提及全媒体时代的精神生产一是在于生产主体的不断扩大，即任何人都可以作为信息的生产者。这一点对应于数字劳动的主体——用户。正如上文所言，数字劳动者的外延也是十分广泛的。而真正的问题是全媒体时代的精神生产的另一个特征——平台所带来的总体性。这使得我们不得不面对这样一个问题，即平台在这种数字劳动中扮演了什么角色。

在回答这个问题之前，我们应从实际情况出发，指明其中所发生的异化现象。因为平台恰恰是促使异化现象发生的主体。异化是马克思在《1844年经济学哲学手稿》中的核心概念，并在早年的其他论述中多有提及。马克思指出："劳动所生产的对象，即劳动的产品，作为一种异己的存在物，作为不依赖于生产者的力量，同劳动相对立。劳动的产品是固定在某个对象中的、物化的劳动，这就是劳动的对象化。劳动的现实化就是劳动的对象化。在国民经济的实际状况中，劳动的这种现实化表现为工人的非现实化，对象化表现为对象的丧失和被对象奴役，占有表现为异化、外化。"①

马克思的异化概念针对其时代的大工业物质生产中的不合理现象。这种现象违背了传统哲学中的主体中心原则。按照传统的哲学观点，客体即马克思所提到的被对象化（Vergegenstaendlichung）的物应该从属于主体，从属于劳动者。因为是劳动者制造它们出来的。但是现实中，这些对象化的客体却丧失或者以某种形式奴役着主体。马克思将这种奴役与丧失称为异化、外化。因而从马克思的经典文本中，我们可以将异化当作脱离了实践主体的原初目的对象与主体之间的断裂或背叛。

---

① 《马克思恩格斯选集》第1卷，北京：人民出版社2012年版，第51页。

而在精神生产活动中，这种异化、外化也体现着对象的丧失以及对象脱离于劳动主体的异化和外化现象。在作为一种数字劳动的精神生产活动中，对象是人造出来的、外在于人的异己的物。这就是我们前面提及的用户造出来的数字化信息。但是在现实中，对象却非以此种形式存在，丧失了对象的属性。这一点表现在**信息的数据化**中。按照一般流程用户编辑数字化信息输入计算机并通过网络传递信息，但是因为计算机中的存储器将信息存储在硬件设备之中，这些信息就可以被反复的利用、读取、分析。而这就使得信息本身脱离了其制造者用户的掌控，而被计算机的管理者或信息传输工具的掌管者获取，而将其当作数据以实现其额外的功能。在此种情况下，信息失去了其对象的地位不再与主体制造者之间有了直接的关系，而与另一个主体产生了关联，而这个无所不在的新主体就是平台。平台具有一定的总体性，能够因其用户规模获取更多的信息。因此，信息的传递过程就是从各个分散的用户到平台这个总体性的主体的多对一的模式。而平台凭借先进的云计算技术和资金的支持，从这些数据中获取的数据价值远远超过这些信息的价值总和。而对于用户来说，其本身以及由具体的、现实的劳动者抽象为具有各种选择和行为记录的抽象个体——潜在的客户。在现代的互联网大数据商业运作过程中，其在信息传递中暴露出来的取向被收集、整理后形成大数据的一部分，并反馈给用户以赚取利润。例如，我们经常在淘宝、京东中的购物取向甚至我们在实时聊天程序中提及的商品经常被推荐到内嵌式广告页面中。这种信息的关联性恰恰是平台总体性对于用户主体的奴役。而数字劳动的异化也就发生在平台这个新主体对数据的运作过程中。

数字劳动的异化离不开数据智能（digital intelligence）。它是基于庞大的数据，通过大规模机器学习和深度学习，对海量数据进行处理、分析和发掘，提取数据中所包含的有价值的信息和知识，使数据具有智能性，并通过建立模型寻求现有问题的解决方案以及实现预测等功能。[1]

---

[1] 参见徐翔：《数字经济时代：大数据与人工智能驱动新经济发展》，北京：人民出版社2021年版，第6页。

而从掌握平台的企业的角度来说，这种方式利用数据增加了生产者剩余，即生产者生产成本和价格之间的差值，进而获取更多的利润。具体而言，它依赖用户提供的诸多数据的集合，以更低成本为不同客户分别提供不同产品及服务的生产机制，也就是说，企业利用数字技术有针对性地满足客户各种个性化需求，提高客户的支付意愿额及价格，从而增加利润。

在这一节中，我们从实践背景和理论溯源这两方面为全媒体时代的精神生产活动定位。从实践背景上来说，它既基于全媒体时代，也处于数字经济时代中；而从理论渊源上看，它具备马克思主义解释史中的数字劳动的某些特征。

第三节　精神生产理论批判及反思

全媒体时代的精神生产活动如果要实现其交往需求，离不开计算机和网络的媒介。作为数字经济时代的一种数字活动，全媒体时代的精神生产不仅生产着信息并且在将信息数据化的过程中产生了异化。当我们对全媒体时代的精神生产有了明晰的定位之后，不难发现这种当代的精神生产活动已经与我们从马克思恩格斯经典著作中建构出来的精神生产理论之间有了较大的差别，因而在对实践活动加以描述性分析之后，我们要反思理论本身的界限，尽最大可能赋予其时代特色。

通过全媒体时代的精神生产活动为精神生产理论带来的**第一个反思是图像**（image）及其衍生物是否能够算作精神生产的产品。在一般的理解中，精神生产的产品源自头脑中的概念、观念等社会意识形式，而其外化形式则是表现在语言中的语音或文字——这一点就是我们在第一章中强调的精神生产活动制造出来的产品具有语词性。我们在第一章第三节中曾经用现象学方法描述了这些意识在个体的头脑中形成的过程，并且在第二章第一节中提到了语音和文字是信息传递过程中最初的媒介。但是当我们在前两节探究全媒体时代的媒介和诸多具体现象时，不难发现，在满足我们的交往需求的过程中，数字化信息不仅包括文字，似乎也涵盖图像以及图像和语音的结合——视频。在日常使用计算机的诸多软件时，用户可以轻而易举地将自己拍摄的照片和视频传输到计算机、手机等便携设备上，并通过社交软件实现自身的社交需求。但是在这一过程中，用户本人并没有成为那个原初的精神生产活动的主体，即是说，在用户的头脑中似乎没有形成什么观念、概念等社会意识形式，而且用户甚至不必将图像与语言配合，而单独地通过图像信息获得沟通的方式。这样一来，用户制造图像的活动是否算是精神生产活动呢？

　　实际上这一问题早在我们前面的论述中就已经出现过。在第一章第二节，我们探究过那些可以不必借助语言形式的、以绘画、雕刻为代表的艺术，在第二章第一节，我们也论及人类寻求图像的储存技术。但是随着计算机作为信息传递的媒介以及互联网技术的应用，这一问题变得更为复杂。因为其不仅涉及西方哲学史中最为复杂的问题——**形象**问题，也有更多的现实背景。

　　自古希腊哲学开始，哲学家所强调"思"就与某种可见的形象（eidolon）分不开。思这个词就来自于"去看"。但柏拉图主义过度强调人的知觉而降低感觉，将人所见的形象（eidolon）与观念（eidos）区分开，将前者看作对后者的幻想和模仿。而亚里士多德继续将 eidos 解释为种和属。因而在西方哲学的两大主流传统中，作为形式、种和属的观念就以其语词特征在逻各斯中成了哲学思考的主题，也成了整个世界的实在性依据。这意味着形象被语词化，并且在命题中应用逻辑学的定律。而且只有在语言中，形象才能够被思考。这样一来，西方哲学陷入的一种以语音为核心的逻各斯中心主义，忽略了人的感觉以及由此带来的感性成果。

　　而所谓形象就是人类感性成果的总称。我们可以将人头脑中的图像、雕像、视觉幻象、梦都看作形象，甚至我们可以将语词也算作形象。如果我们看待形象基于不同制度化的话语之间的界限，则可以指出形象的谱系。形象包括图像、视觉、感知、精神、词语五个方面。图像包括图画、雕像、设计等；视觉包括镜像与投射；感知包括感觉数据、"可见形状"与表象；精神包括梦、记忆、思想、幻影；而词语包括隐喻和描写。这几种形象都分别对应了一个知识学科,精神形象对应心理学、认识论;视觉形象对应物理学;图画、雕塑和建筑对应艺术史;词语形象对应文学批评;感知形象则是多学科的结合。① 因此,对于图像是否算作精神生产活动的成果这一问题实际上是要我们承认是否仍然坚持逻各斯中心主义的立场。而语词与形象之间的关系则是在"再现、意指和交流的领域内反映了我们在象征与世界、符号与——之间的关系……形象是假装不是符号的符号,伪装成自然的直觉和在场。"②

显然,如果只是考察马克思早期著作,比如《德意志意识形态》,则无法认为马克思已经抛弃了以概念、观念为核心的逻各斯主义,而到了马克思思想的新地平线——《关于费尔巴哈的提纲》时我们才发现,马克思强调唯物主义要将对象当作感性的人的活动,即实践去理解。这样我们就可以找到一种理由,可以支持我们从感性的方面理解人的活动,进而将人的活动产物首先理解为可以被感觉到的感性的物。这样一来,精神生产活动的产物就必须是感性的物,进而其不仅可以体现在逻各斯编织的语言中,也能够体现在诸如相片、绘画等人的视觉结果乃至幻想的再现上。

而从现实性来说,在全媒体时代借助某些技术手段,有些形象可以提供直接的再现形式。比如我们着重关注的图像。对于这些形象来说,我们根本不用在头脑中产生任何观念和概念,而只是一种重复与再现过程。毋宁说,这些图像本身就是某种意识产生出来的观念。但是与语词中的概念和观念不同的是,图像是隐性的信息。即是说,图像尽管可以作为信息,但其所传达出来的信息是开放的,可以被多种方式、多种视角解读。而语词中的概念在大多数情况下有着明确的语用学的外延和语义学的内涵。

而在计算机技术的支持下,信息的数字化伴随着图像的数字化。这种过程正如我们在上一节中提到过的那样,图像通过某种颜色和二进制数值之间

---

① 参见〔美〕W. J. T. 米歇尔:《图像学:形象、文本、意识形态》,陈永国译,北京:北京大学出版社2020年版,第7—8页。

② 〔美〕W. J. T. 米歇尔:《图像学:形象、文本、意识形态》,陈永国译,北京:北京大学出版社2020年版,第48页。

的固定的对应关系,使得图像可以被计算机识别,可以被处理器运行,可以被存储器存储,进而可以通过互联网传输到另一台计算机上,满足用户的交往需求。但是由于作为信息的图像所表明的含义是隐性的,因此其在信息传递的过程中暴露出来的缺陷也比纯文本的信息多。在日常的信息交往过程中,为了明晰图像的含义,计算机程序开发者创造出了一套表情符号,以表达人们日常交往过程中的诸多心态和感受。

对全媒体时代的精神生产的**第二个反思**与精神生产的**主体**有关。如果说在传统的信息传递过程中,精神生产的主体只是现实生活中的个体或群体,那么在互联网时代精神生产的活动的主体不仅仅是他们,也包括媒介。这一问题的学术背景就是在曼纽尔·卡斯特的信息化社会和格奥尔格·齐美尔的形式社会学的影响下欧洲传播研究中的"媒介化倾向"。媒介作为一种制度化要素开始独立作用于社会文化的变革,信息传递的中介物不再是完全"中空"的管道,开始逐渐地"影响"乃至"控制"社会形态的形构过程。①

那么人工智能计算机在何种程度上可以作为信息交往的主体或对象。在如今的精神生产活动中,计算机成为不可或缺的生产要素:操作系统提供了平台;应用程序提供了平台。我们无法否认这种媒介化——社会或文化活动中的核心要素都采取媒介的形式。全媒体时代的人工智能(AI)计算机作为媒介不仅处理着我们输入到计算机内部的信息,也自主地生产信息,并且将这种信息主动或被动地传递给他者。我们可以回想一下这样的场景,我们的信息通过编码输入到计算机中,而计算机不仅在传递信息的过程中将信息增加了更多的要素——诸如编辑时间、属性、大小等,而且在一种异化的情况下,计算机主动将数据上传到云端,并通过一系列的查找、比对、匹配等操作成为大数据中的一个组成节点。如此一来,计算机做的事情比信息的原有生产者多得多。

然而问题远不止于此。随着越来越多的机器人替代人工劳动,终有一天

---

① 参见姚建华:《数字劳动:理论前沿和在地经验》,南京:江苏人民出版社2021年版,第23—24页。

机器人成为人类个体沟通的对象，并主动和人类交流。这些应用了人工智能技术的机器人不仅能够正常的与人类聊天，而且可以通过其携带的面部识别和生理感应追踪装置识别出诸如欢乐、悲伤、恐惧等人类情绪。在这种环境中，机器人能够以"我同步故存在"的方式获得一种存在论的肯定，进而获得主体的身份。所谓"同步"是指一种数据输入过程，而这些数据既和我们在互联网或其他虚拟世界的身份相关，也包括其他人对数据的反应。① 机器人首先收集交往对象的各种信息并分析其性格、习惯，进而在互联网上与之交流。而更为可怕的是，一方面这些交往对象在互联网的掩饰下甚至无法发现对方的拟人化身份；另一方面这些机器人比我们在现实中的朋友更熟悉我们的行为习惯，甚至直接监控着我们。

那么这些人工智能机器人能否算作精神生产的主体？其与人类建立起来的关系能否可以算作某种主体间性？如果答案是肯定的话，我们不得不面对一个尴尬的事实，即人类的精神生产活动不需要精神（意识）的参与，而只是依赖于预先设定好的计算机程序以及相关资料数据。这样一来，人工智能活动就成为了机械论的某种现代化翻版。

事实上，与人类意识相比，机器人尽管能够同样提供表现在语言中的诸多概念等信息，但这些并非是意识的产物，而且机器人无法主动地提供某种道德观。机器人被制造出来只是要完成目标的常规操作，而不具有判断道德问题的能力，也不能理解道德的具体表现。因为在计算机的世界中，二进制的数字就已经规定了其背后的运行逻辑是知性的，处于非0即1、非此即彼的逻辑中。当机器人在面对一系列复杂的问题时，他只能在既有的选项中做出选择，而非主动做出判断，尤其是主动做出涉及伦理的判断。例如，当面临伦理学史上的电车困境的时候，机器人只能做出 A 选择，或者做出 B 选择。而无论是 A 还是 B，机器人每做出一个选择都在其背后的运算法则中执行了"是"这一项，也就是说"是 A"或"是 B"。而 A 和 B 本身是靠人类

---

① 参见〔美〕约翰·C. 黑文斯：《失控的未来》，仝琳译，北京：中信财经出版社 2017 年版，第 36 页。

提供的。更重要的是，机器人永远无法提供 A 和 B 之外的选项 C。

而对于人类社会中的诸如团结、友善等伦理品德，机器人无法理解其中的内核，无法判定其遇到的事情是否是符合这些品德的范畴，更无法主动提供某种道德观念。因为所有的品德观念也都是程序员在设计机器人的操作系统和运行逻辑时预先植入的，因而其中的道德观很大程度上反映了其设计者和制造者本身的观点，而机器人自身没有也不可能形成独立的道德观。

通过对机器人主体身份的否定，我们发现了人类精神生产活动的产品的一个重要的特征。这就是价值。人类主动在头脑中形成的观念、概念等社会意识形式在某种情况下是有价值的。其背后不仅代表着提出它们的人的主体身份，也意味着外化在语言等物质形式中的信息具有价值存在的可能性。我们可以从精神生产主体主动提供的信息中获取和理解这些伦理价值的存在，而且更可以为了某种价值去提供某种对应的信息。而对于主体间性来说，其不仅仅是简单的日常交流，还有在伦理价值上要达成共识。唯有如此，主体间性才能够有效地建立并真实地满足精神生产主体的交往需求。

当然我们在这里提及的价值是伦理—道德意义上的，那么精神生产的产品是否也具有经济上的价值呢？这就和第三个反思相关。对精神生产理论的**第三个反思**在于资本主义的精神生产批判是否可能。这一问题来自马克思在《资本论》中做出的杰出贡献。马克思在这部著作中对其时代的工业资本的运作展开了分析和批判，最终解释了资本对物质生产领域的介入及其后果。那么从精神生产理论来说，资本是否能够介入到这一过程中呢？

马克思的《资本论》以商品作为开篇，实质上是从作为物的物质生产结果谈起。物质生产的结果具有商品的价值和使用价值属性，进而可以进入市场，兑换成货币并最终被资本操纵。那么精神生产的产品能否变成商品呢？

我们知道任何个体和组织的精神生产活动都是为了满足人的现实中的交往需要。因此其产品有着特殊的目的，也包含着人类个体的必要的劳动。但这并不意味着作为信息的精神生产产品本身就能够被当作商品。

如果按照马克思在《资本论》第 1 卷中指明的那样——"商品首先是一

个外界的对象,一个靠自己的属性来满足人的某种需要的物"①,那么精神生产的产品可以被定义为商品。对于精神生产活动的产品来说,其作为信息能够满足人们的交往需要,因而属于商品。其对于人类的交往领域来说是有用的,进而是具有使用价值的。其使用价值的来源就是个体头脑中的意识活动,就是个体制造出观念、概念等社会意识形式所花费的具体劳动的时间和精力。作为商品的精神生产产品只有在使用时,即在传递信息的过程中——作为信息而非在信息的单独的储存中才具有使用价值。

但是如果按照马克思对于物质生产过程的描述,则会发现其不具备马克思所提及的商品的诸多特征。首先是交换价值。马克思在论述商品时指出其具有使用价值和价值两个因素,商品的二因素根源于生产商品的劳动的二重性——具体劳动和抽象劳动;具体劳动生产使用价值,抽象劳动生产价值。而在论述商品的使用价值时,马克思自然而然地将商品的使用价值和交换价值一概而论。因为作为被制造出来的物,既然能够满足这个人的需求——进而具备使用价值,那么也能满足另一个人的需求,进而也就同时具备了交换价值,即在物与物之间产生了交换。

但问题在于,同一条信息并不是对每一个人都具有使用价值。正如我们在第一章第三节提到的那样,信息的生产者本身在生产信息中的概念之前就有一种预先的活动,即预设信息的接收对象,无论生产者与其是否熟识,也无论接收对象是否在场。而在这样的生产模式中,信息的使用价值只对信息的生产者和接收者产生效用。信息的生产者希望信息能够被接收,而信息的接收者收到信息,并理解了信息中的内容,这本身就是其使用价值的体现。对于他者而言,信息失去了使用价值,成为可有可无的物。

这种情况的后果就是信息同时失去了交换价值。我们不能够对信息进行量的分析并交换。信息这种商品并不像马克思在对物质生产出来的商品分析时提出的那样,一夸特小麦可以同多少鞋油或多少绸缎或多少金银交换,而

---

① 《马克思恩格斯选集》第2卷,北京:人民出版社2012年版,第95页。

全媒体时代的精神生产活动及其反思——基于马克思主义的研究视角

出于信息商品本身的特性,信息尽管能够在小范围内传播,但是其不能作为一种可以计价的商品,因为根本没有任何客观的手段去衡量信息的价值。毋宁说,在信息的交换过程中并不是一种可计算的量的交换,而是真正的质的交换。即每一条信息都具有其特殊性和特殊意义。

我们再看看马克思提及的商品的另一个属性——价值。价值体现在"同一的幽灵般的对象性,只是无差别的人类劳动的单纯凝结,即不管以哪种形式进行的人类劳动力耗费的单纯凝结"①。说信息具有价值是因为信息中包含着人的劳动力耗费。的确如此!信息是人的智慧的结晶,都是人的意识活动经历了时间的流逝。但是这里所说的人有着不同的身份,进而使得信息的价值与其生产者之间的关系并非一一对应。我们很难辨别有价值的信息之中包含了多久的人类抽象劳动,因为观念和概念可以传递、复制、流通。当精神生产者直接借用他者的观念、概念时所需的时间往往要少于生产者自身创造出观念和概念的时间。当然也有可能反过来,精神生产者灵光一闪就完成了观念和概念的创造,但是采用别人的概念和观念却需要查阅大量资料、与原创者沟通等努力,需要付出大量的时间。这样一来,由于其生产过程不完全位于人的头脑之外的现实领域,不可完全为他者所感知,因而对信息价值的计价也变得不可能。当然,在现实生活中,信息的价值有着其他方式,例如信息的隐秘程度、信息的内容等,但这仍旧不意味着信息具有某种公共的尺度以体现出其价值量。

因此,信息不能按照马克思的标准商品化,进而不具备进入政治经济学的领域。但是我们在提及信息的生产过程之时,也提及其异化状态,即信息数据化之后的形态。与信息相比,数据则可以进入政治经济学批判之中。

首先,数据可以作为商品。数据具有使用价值,但是这种使用价值是极低的。每一条数据都必须作为大数据中的一个组成部分来使用,而其使用价值的体现必须依赖于数据的整合。作为一种数字化的信息,数据的使用价值

---

① 《马克思恩格斯文集》第 5 卷,北京:人民出版社 2009 年版,第 51 页。

并不是体现在信息的内容上,而是在大量数据集合之后做出的一系列分析上。这就是所谓的大数据分析。而从根源上来说,数据之所以异化就是因为其使用价值并不是来自用户生成数据的劳动,而是分析师对数据的分析活动。

而且就数据的价值来说,其来源是这一条数据在一般数据(general data)坐标系中的位置。所谓一般数据是人们在整个交往体系中的所有交往数据的总和。其具有如下几个特征。首先,一般数据与劳动一样,代表着所有数据的抽象层面。其次,一般数据是数字化环境中产生出来的产品,是每一个用户数字劳动的产物。最后,一般数据从其诞生之初就不是个体的产物。所有的个人产生的数据一旦介入互联网就交织在一起难分彼此。因而一般数据是集体性的,属于所有互联网用户。① 而具体的数据处于何种位置,即其能够被归结到什么种类的数据之中,能够提供哪些类别的信息才是其价值的来源。而这种分类工作在前期是由计算机处理,而后期则是由人工修正。数据的价值就体现在这种抽象的分类过程之中。

商品化的数据可以交换,其交换的方式和一般等价物与其他商品无差别。数据可以变成货币,也可以与其他产品交换。但是作为数字化的信息,数据的交换过程一般是互联网在线处理,或者是将其放置到 U 盘等可移动的存储器上进行。不过对于大多数国家的法律来说且出于伦理道德的考虑,出售、交换数据在某种程度上是违法行为,因为其侵犯了互联网用户的隐私权。但是记录互联网用户行为习惯、搜索历史的数据则在与用户签订许可协议的前提下受到法律保护,可以交换和贩卖。而目前以大数据分析咨询为主营业务的互联网公司就是以此牟利。

不仅如此,数据可以参与到资本的运作中。资本是一种关系,而非物。它体现在那些超出了货币的简单规定的货币中。② 作为货币的货币遵循着等价交换的原则,而作为资本的货币则在流通过程中发生增殖。在马克思看来,

---

① 参见蓝江:《一般数据、虚体与数字资本:历史唯物主义视域下的数字资本主义批判》,南京:江苏人民出版社 2022 年版,第 208—209 页。
② 参见《马克思恩格斯全集》第 30 卷,北京:人民出版社 1995 年版,第 206 页。

其之所以能够增殖是因为其中的差价包含着资本家对雇佣工人的剥削。我们可以将这种资本称为劳动资本，因其源自资本家对劳动力的不平等的占有。而希法亭指出了一种新的资本形式——金融资本。其源自银行作为资本家之间的借贷关系的中介所提供的信用。银行借助借贷关系，利用信托和票据贴现控制了产业资本家。

而相比之下，在全媒体时代出现的这种资本形式，因其数字化的特征我们可以称其为"数字资本"；而因其针对的生产资料是数据，我们也可以称其为"数据资本"。这种资本源自资本家对一般数据和交换平台的垄断。按理说，一般数据是集体性的，其所有权归所有互联网用户；但是资本家却通过一系列手段私人占有了这些数据。具体而言，资本家利用其资金开发出计算机软件，并且吸引大量用户，并和用户签订相关协议，以获取用户的个人信息、行为记录，并打包成数据，再经过一系列的加密处理和过滤，将其分析、出售，并谋求利润。在这种运作中，资本家作为规则的制定者具有统治性的地位。而用户必须签署资本家制定出来的网络协议才能使用其提供的软件程序等服务。而在目前的各大公司中，所有资本家联合起来组成默认的行业规则，在法律许可的范围内，最大程度地榨干用户的数据价值。

这种经济模式最终导致数字资本主义或数据资本主义的出现。所谓数字资本主义或数据资本主义是指运用数字技术，通过对数据的发现、利用、创造差异来获取利润，追求持续不断积累资本的体系。资本家在资本的增殖过程中不断盈利，并将利润投入到新的生产中来。而与马克思在《资本论》中提及的资本主义形式相比。这种剥削对象不是人的劳动力，也不直接是人的精神生产成果，而是人在互联网上的痕迹。因为相比于劳动力被剥削带来的痛苦、疲惫，网络用户往往在不经意间就完成了资本家的要求，在无痛苦中丧失了对自己产物的控制权力。

在这一章中，我们主要试图将马克思的精神生产理论和全媒体时代的精神生产实践结合起来，既用理论的视域分析实践过程，也用实践中遇到的新问题来改进理论。首先，我们指明了全媒体时代的精神生产实践的基础——

计算机和网络。这是全媒体时代信息交往过程所必不可少的媒介。全媒体时代的精神生产活动就是人生产信息并借助计算机和网络以满足其交往需求的活动。这种活动是数字经济时代下的数字劳动。而平台组织成为全媒体时代的主要特征，不仅使其发展出一种异化形式，并且使资本轻而易举地介入进来。最后，我们经由实践出发，为第一章中概括出的那套经典的精神生产理论提供了三方面的反思。从其产品形式、主体身份再到数字/数据资本的运作，全媒体时代赋予了精神生产理论以新的内涵，大大扩展了其理论的边界和适用范围。

第四章 全媒体时代的话语、意识形态与舆情

在第一章和第二章中,我们分别从理论和实践的角度出发,论述了马克思主义视域下的经典的精神生产理论以及全媒体时代的信息交往活动,并在第三章中将理论应用于实践的分析,并反过来寻求理论自身的界限——完成了某种理论批判。而在这一章中,我们则从精神生产出来的产品的物质形式——语言出发,进一步探究全媒体时代中在国家治理层面面临的诸多亟待解决的问题。全媒体时代的精神生产活动,实际上体现在个体之间的有效交往中。但是这种信息交往活动不仅仅是个人层面的事务,也牵涉国家层面的治理过程。因而,信息交往活动中产生的一系列社会现象则成为国家治理者所面临的问题,有待进一步分析和处理。

第一节 全媒体时代的主流话语

如果说个体之间的信息交往所产生的信息在异化形态中成为企业中的利润增长点和新经济模式的生产资料,那么这些信息对于国家层面来说则构成了一种信息流。各式各样的信息充斥在互联网上,其中不仅包含相同的观点和取向,更多时候包括诸多争议、质疑和反驳。从马克思主义的理论角度来

看，在纷繁复杂的信息流中包含着**主流话语**、**意识形态**和**舆论**这三个层面。

从语源的角度来说，话语这个词源自 discursus，最早出现于 14 世纪的拉丁语中。其本意是指人们的言谈、交谈的内容，在某种程度上也指涉正式的演讲或论述。从语用的角度来看，话语这个词最初等同于哲学或散文，其内涵上的差异并不明显，而直到 20 世纪语言学家费尔迪南·德·索绪尔（Ferdinand de Saussure）的运用，它才慢慢成为一个学术界公认的术语。

索绪尔区分了语言（language）和言语（parole）。他将言语看作人们所说的话的总和，而将语言看作表达观念的符号系统和社会制度的结合体。两者之间是相互依存的关系，即"语言既是言语的工具，又是言语的产物"①。而话语就是这两者的结合。

20 世纪后半叶，经过乔纳森·波特（Jonathan Potter）、玛格丽特·韦瑟雷尔（Margaret Wetherell）、米哈伊尔·巴赫金（Mikhail Bakhtin）、米歇尔·福柯（Michel Foucault）等学者的不断阐释，话语理论已经超出了语言学范畴，成为涉及社会学、人类学等领域的重要议题。其中巴赫金更是将语言看作具有具体语境和社会环境背景的一种实践。而福柯则是将索绪尔的语言与言语结合起来，不仅将话语看作特定社会语境中人与人之间从事沟通的具体言语行为，即一定的说话人、受话人、文本、沟通、语境等要素，而且将其视作社会权力关系的某种表达形式。

而伴随着话语理论的兴盛而来的是对话语的分析（discourse analysis）。话语分析最早源自 20 世纪 50 年代美国语言学家哈里斯的论文。他把话语定义为"由连续的句子排列而成的语言形式的段落组成的特殊整体"，而在语言学和人类学的领域中对话语展开结构性的分析。而荷兰语言学家范·迪克的四卷本《话语分析手册》（1985）的出版则标志着这门新的跨领域的学科体系的确立。而在目前学界，话语分析的方式有着不同的方法，但大致可以分为两种。其一是以辛克莱、库尔萨德、乔纳森、玛格丽特为代表的非批判

---

① （瑞士）费尔迪南·德·索绪尔：《普通语言学教程》，高名凯译，北京：商务印书馆1980年版，第41页。

的话语分析；其二是以佩肖、福柯为代表的批判性的话语分析。两者的区别是前者侧重文本分析而囿于语言学维度；而后者是在社会功能中分析话语。无论如何，话语分析是对言说着的语言分析，其分析都超出了话语本身的内涵，而指向了某种外在的东西。

通过对话语理论和话语分析的简要论述，我们不难发现马克思的精神生产理论中的精神产品也可以应用到这一理论。这主要是基于以下两点。一方面，精神生产的产品是话语的一部分，而话语使得精神生产的产品具有了可分析的形式。如果我们将话语分解为语言和言语，那么言语的社会性特征则是超出语义本身的外在的背景和环境，而话语就天然地与社会相连。而在马克思的精神生产理论中，精神生产的产品是表现在语言中的社会意识形式。其既有语言特征，也具有一种"社会的"特征，因而其可以作为话语。另一方面，批判性的话语分析可以用作对精神生产产品的分析。话语是在人与人的互动过程中呈现出来的，即特定社会语境中人与人之间从事沟通的具体言语行为。批判性的话语分析无非就是对人们诉说的话（或写出来的文本）带来的社会影响的研究。我们可以将其所带来的影响称作话语的功能。而在马克思的精神生产理论中，精神生产的产品本身就具有一定的功能，这就是满足人的社会交往需要。但是这一功能仅仅是从主观方面或对生产者而言的，而实际上，无数的话语相互结合、相互作用，在整个社会运行过程中客观地形成了一张社会性的话语网络。每个话语都对这个网络产生着社会影响。而从社会整体层面分析作为精神生产产品的具体话语及其社会影响则是批判性话语分析在精神生产理论中的应用。

如果精神生产理论与话语分析理论能够融合，那么我们自然就能对全媒体时代的精神生产活动的诸多成果展开批判性的话语分析。那么全媒体时代的话语呈现出什么样的形态呢？

在讨论这一问题之前，我们首先要揭示出话语理论中两个基本的概念——话语网络和话语权。我们知道，话语的社会属性伴随着一个具体的、现实的社会存在。而这种社会不是无声的，而是到处充满了声音，无论是闲谈还是噪音。而话语网络则是建立在真实社会运行之中的一种看不见的网络。它代表着话语之间的可沟通性。恰恰复数性的话语铸就了显示社会一个又一个的讨论空间。而在这些空间之中，话语和话语之间的关系并非同向的、也非相向的，而是有着角度上的差异的。尤其是针对比较明确的主题或界限比较清晰的论域时，讨论空间中充斥着来自各个角度的话语。恰恰是这些来自各种角度的话语编织成了话语网络。而在这张网络中，有两种话语具有一定的权力，即话语权。这就是具有影响其他话语能力的话语以及声音最大即大多数话语共同认可的话语。这两者是整个话语网络中的最大的两股力量。从某种程度上说，其具有话语权，在整个社会的运行中成为不可忽视的力量。

随着媒介技术变迁而相应的话语所处的社会权力关系的变化。话语是在社会中言说着的语言。在原始社会中，个体之间的信息交流依赖口语。这种口语意味着声音与概念之间有了明确的、稳定的关联。当然在全世界范围内，各个社会共同体内部的这种关联本身是任意性的。但是其目的是固定的，即最初都是为了交流，而后来在口语中涵盖了神话、诗歌等形式，也有了直接性的口耳相传、仪式性的神秘占卜和技艺性的押韵式的话语表达方式。而在原始社会中，掌握话语权力的人往往是巫师、祭祀这些利用神秘的话语表达方式的人。这些人的主要职能是在部落的重要场合——例如祭祀、战争前、狩猎、占卜等——与神沟通，不仅将人的信息编码提供给神，而且将神的谕旨编码后显示给人。

而在文字媒介形成并广泛应用之后，话语表达方式更加多样化。借助于动物皮甲、泥制品、金属制品、石制品、纸制品等必要的载体，文字表达的话语能够穿透时间和空间，在历史长河中、在远距离之间传播话语。而在整个社会之中第一次出现了垄断文字的群体——知识精英。这些知识精英包括学者、官吏等。他们垄断着文字的书写、使用和传承。他们不等同于社会政治权力的掌握者，而是服务于政治权力，成为社会统治阶级的一部分，或者为社会统治阶级管理和通知其他群体。但无论如何，他们掌握了社会中的话语权，并或多或少地影响着整个统治阶层的决策。

而随着印刷技术的广泛应用，知识精英阶层的壁垒及其话语权被打破。报纸作为新的文字媒介能够让所有认识字的民众在最短的时间内得到信息。而在一些历史事件中，报纸上面所承载着的话语成为推动世界历史进程的关键性力量。在报纸上，话语表现形式又有了变化，出现了新闻式的、标题式的、通俗式的等表达方式。新闻式的表达方式力求快速的播报信息；标题式的表达方式力求引导和概括；通俗式的表达方式旨在娱乐和共情。而随着报纸的广泛传播，社会话语权也不仅仅局限在少数群体手中，而是第一次集中到了报纸背后的媒体手上。谁掌握了媒体的力量，就能够在一定程度上掌握话语权。

19世纪末20世纪初，一种新的媒介——电子媒介兴起，而话语表达方式也有了新的变化。电子媒介是指信息在传递和存储的过程中所采用的技术是诸如电报、电话、广播、电视等电子技术，其基本对应于19世纪中叶到20世纪末的新媒介时期。在话语的表达方式上，电子媒介使得话语不仅仅依赖语言和文字符号而首次依赖于视觉化的表达方式。视觉化更加直观和客观，但其传递信息的意义是多元化的，为解释留下了充足空间。而这种表达方式也大多应用于企业标志（Logo）中，成为企业话语的关键组成部分。就其背后的话语结构而言，电子媒介导致新出现的电视台、电台等新媒体形成了中心化话语机构，一对多地对受众施加其话语的影响力。这一点是传统纸媒时代难以想见的力量。

而对于我们要讨论的全媒体时代的话语表达和话语结构则有着更复杂的特征。全媒体时代的一个表征是数字化媒介的应用。数字化媒介是以计算机为物质载体、以数字化技术对信息进行加工、储存、传递和修正的媒介。数字化媒介的广泛性、即时性和交互性特征在话语表达方式上强调多种表达方式的有机结合，即语言文字、视觉符号、听觉符号、表情符号（Emoji）等相互协同的表达方式。在话语权机构上，这一时期出现了新的话语——网络话语。在数字化媒介时代，个体已经从被动接收信息的受众变成了主动制造信息的用户，因而其可以将自己的思想通过网络传播到一个公共领域之中，从而形成非中心化的话语权。因而个体的声音从原先时代中的他者很容易就暴露于网络的公共空间之下，也很容易形成一种力量。全媒体时代的话语权结构更加复杂也更加多元化。

以上是从媒介发展历史的角度探究话语表达形式的变化以及话语权的变化。而就全媒体时代的复杂结构而言，网络话语主导的全媒体时代的话语体系一直处于**国家话语**和**社会话语**的交织中。

国家话语最大的特征是权威性。与其他话语相比，国家话语凭借其强大的宣传机器能够拥有更多的受众。而对于所有形成话语的个体来说，国家话语凭借其主体的官方性能够在话语体系中起到一锤定音的作用。尤其是在近年来一系列具有争议性的社会事件的处理上，国家话语最终给予事件定性而展示了其意义或价值。

从历史上看，我国的国家话语的主题经历了从革命话语到建设话语的转变。所谓革命话语是指中国共产党建党以来就不断遵循的社会主义革命的目标以及实现共产主义的伟大理想。在民主革命时期，革命话语成为中国共产党的共识。新中国成立以后，革命话语也伴随着中国共产党的执政地位上升到了国家话语。鉴于新中国成立之初各种资本主义思想余毒盛行，革命话语的表达方式主要是以宣传为主，凭借国家权力对整个社会的信息进行着垂直管理，宣传马克思主义思想，积极在全国各族人民群众中形成社会主义社会的基本共识。这些宣传话语带有强烈的感情色彩和政治色彩。不仅在宣传过程中采用了一系列为人民群众所熟知的俗语、歇后语，而且在新闻报道和文学作品等宣传资料中，其主题是与其时代的政治风气和政治倾向紧密相关的。

建设话语则是指改革开放之后，随着党的工作重心转移到社会主义现代化建设上来，国家话语的主题也与"包产到户""经济特区""四个现代化""小康社会"等经济类的政策中的术语和概念相关。而在这一时期，随着电视、广播、报纸、杂志等大众传媒的普及，国家话语的传播方式不只是上行下效的垂直式的传播，也是由点及面的平面式传播，用最快速度将党和国家的政策、方针、路线传递到千家万户。在表达方式上，以建设为中心的国家话语尽管在一定程度上体现出政治宣传的功能，但是其采用的辞令更多是从现实的生活中来，而非从经典理论中抽象概括的结论，因而较为形象地使受众理解国家话语的内涵和意义。

与国家话语相对的是社会话语。社会话语来自民间的社会群体，它自古以来就与官方话语共同构成整个国家—社会的话语体系。如果说国家话语是官方人员的自上而下的宣传和辞令，那么社会话语就是知识分子或在地方上具有一定实力的阶层的意愿自下而上的表达。在几千年的中国历史中，社会话语和国家话语相互交织、磨合、对抗。在历史上，既有读书人为谋求功名而参与到国家政治体系中的出将入仕，也有太学生和乡绅上书请愿的自发传统。而在现代，随着社会媒介不断更新，社会话语的表现形式及其背后的权力关系也有了新的面貌。

随着互联网的兴起和应用，在互联网平台上形成了国家话语之外的另一种话语——媒体话语。在传统的政治生态中，媒体作为单向度传播的信息传播工具，一直把控在国家话语的影响中，因而无论其传播范围还是其传播方式，都可以算得上是国家话语的一种复现方式。在与社会精英群体和普通民众之间的沟通中始终处于绝对优势的地位。而随着互联网技术的应用，一系列展现观点的论坛、平台、软件出现，使得国家话语和社会话语之间出现了真空地带。无论是代表着国家意志的官方还是来自民间的公众群体都试图在这新兴的互联网上表达自己的立场、利益诉求和意愿。而在此之中形成了以这些互联网媒体平台为阵地的一种新型话语形式——媒体话语。

媒体话语以其所处的场域而命名。而恰恰由于媒体的中介性，媒体话语有了一种"处于……之间"的对话特征。也就是说，在互联网时代，媒体话语并非代表着社会固定的某个群体的利益诉求，也不是仅仅代表新型媒体自己发出的声音，而是来自官方的国家话语和来自民众的社会话语之间的拉锯。媒体话语的主体可以是官方机构也可以是知识分子、网络大V、企业代表等知名人士以及普通民众。

媒体话语的对话结构体现在三个方面。在言说主体上，媒体话语与其他外部话语形成复合关系;在话语所包含的声音层面,媒体和其他人的言说是主观和客观的关系;在符号语义方面,媒体文本与其他文本又是互文的。[①]话语中的言说主体既可以是组织也可以是个人。而在媒体话语中,言说者是作为新闻生产机构的媒体以及作为转述者的媒体。前者是媒体自身生产着消息,媒体的从业者就是精神产品的生产者;而后者则是这个媒体转述其他媒体、用户的言说,将其提供的消息发布在自己的媒体平台上或不加评论地转发其他媒体消息,这时这个媒体又成为中介者,其职能仅仅在于提供发表空间的维护者而非具有主动性的生产者。在话语的声音形式上,媒体话语既是"双声的"也是"复调的"。双生和复调是巴赫金理论中对对话性话语阐释的术语,分别应用于微型对话关系和大型对话关系。双声代表媒体话语中往往具有两种声音。这两种声音不是说其对于同一主题采取不同的立场和态度。而是说媒体话语的运作机制表明其不仅作为专业机构直接对事件进行诉说,也对其他媒体或公众发出的声音做出肯定或否定性的评价。媒体话语的双重身份意味着其具有双重功能,自然而然就产生出两种声音。而媒体话语的复调性则是指其在制造新闻的过程中不仅要考虑单一群体的阶层或单一立场的群体,还要面对多种对象,进行全方位的创作,而其作为平台中介时也应在法律许可的范围内吸纳多种多样的声音来源。就文本内容而言,媒体话语的内容具有一种文本间性,即互文性。这种互文性表明媒体上面留存的话语是紧密关联的。文本不再处于故步自封的体系中,而是通过"评论""转载"等功能不断接受其他文本的影响的同时也不断影响着其他文本。尤其是文本中的符号在象征性的互动过程中,不仅具有意指上的流变,还有其背后所代表的倾向和立场的竞争和斗争。对于同一主题,不同的文本表达不仅仅意味着语词意指的差别,还关乎文本表达者的政治立场和利益诉求。因而,在复杂的媒体话语之中,文本本身带来的影响是不可控且未知的。

就媒体话语的功能而言,其最主要的社会作用是沟通国家媒体和公众之

[①] 参见王凤仙:《社交平台的媒体话语关系研究》,北京:中国社会科学出版社2021年版,第37页。

间的关系。在互联网时代的话语互动过程中,媒体话语因其中介性、平台性愈发重要。话语互动不仅是信息之间的交换与碰撞,也是不同社会身份、组织程度和立场的主体之间的交锋。而对于形形色色的用户来说,媒体所起到的作用就是为公众提供一种表达观点的渠道以及使公众感知其时代的社会环境和他者的观点。这一点明显体现在大众媒体中的用户互动中。在互联网媒体诞生之前,普通民众难以无条件地在媒体上发表自己的观点,遑论形成一种话语。而互联网媒体形成了一种网络广场,使得公众第一次能够在虚拟空间中表达自己的立场和见解。不仅如此,公众也可以通过互联网媒体平台获取到国家话语提供的咨询,并通过与其他公众的讨论获取他者的态度、立场和意见。可以说,公众在互联网媒体中扮演的角色不只是接收者和生产者,同样是具有主体间性维度的。对于国家话语而言,媒体话语主要的功能是宣传和凝聚的作用。所谓宣传是指互联网媒体作为官方政策、方针的发布者,能够在最短的时间内,将相关信息传播给最多的受众用户。所谓凝聚则是指,互联网媒体按照国家话语的引导和指示,在一些敏感而关键的问题上能够将社会公众的关注点和倾向有效地引导到官方话语体系中,与官方话语体系之间达成某种一致性。在宣传的功能上,媒体和政府机构共同构成了媒体话语的主题,其内容是对政府内容的复调式的解读和理解。在凝聚的功能上,媒体话语又成为民众中的主流话语,引领着民众与国家话语达成和解。

而随着互联网媒体的不断发展,尤其是自媒体(we media)的出现和普及,公众的声音在社交媒体平台上也形成一种新的话语,即公众话语。如果说,互联网早期发展阶段使得公众的声音只是作为一种意见的表达,那么到了自媒体阶段,公众话语已经蔚然成风,独立于国家话语和媒体话语之外,形成一种新的网络力量。在全媒体时代,自媒体以其多元性、交互性和通俗性已经深入到普通大众的日常生活之中。如果说全媒体的特征就在于参与主体的广泛性,那么自媒体时代使得公众形成话语的门槛更低,每个公众都能够在相关的程序上建立自媒体平台,成为主播或播客,毋宁说,从全媒体时代的第二个特征——平台的角度来看，每个公众都是潜在的平台。尽管这些平台比不上专业的、传统的媒体机构，但是其优势在于时间充裕、数量众多。这些个人平台一旦出现某种集中的意见与立场，能够在短时间之内形成一股颇具影响力的话语。而这些话语关注的主题也往往是具有个人特色的生活状态等，而非国家话语中的政治、经济、文化主题。而这就意味着自媒体代表的公众话语与国家话语之间有着某种"整合困境"，因为其对主流媒体的依赖性削弱，而使得公众话语的弥散性特征凸显出来。

以上是对全媒体时代存在的三种话语形式的基本介绍。但是话语并非静态的处于某种既定的结构之中。随着时代的不断发展，尤其是媒介的推陈出新，话语之间持续不断的互动，且有不同的表现方式和手段。对于当前我国的话语体系的建设，我们应做到以下三点。

第一，必须充分认识国家话语的主体地位。习近平总书记强调："要加快构建中国话语和中国叙事体系，用中国理论阐释中国实践，用中国实践升华中国理论，打造融通中外的新概念、新范畴、新表述，更加充分、更加鲜明地展现中国故事及其背后的思想力量和精神力量。"[①] 国家话语不仅是对于媒体话语和公众话语在纵向上具有主体地位，对其他国家的话语而言也在横向上具有主体地位。国家话语不仅是在整个国民生活中占据主流地位，也体现出国家意志和国家价值。因此，要充分认识到国家话语的双重主体地位，在此基础上既要妥善处理好国家话语作为社会主流话语与社会非主流话语之间的权力关系，也要积极地在国际霸权主义的背景下，在话语权斗争的过程中屹立不倒。要保证国家话语的主体地位就必须保证其权威性，就必须增强领导干部的政治意识、提高领导干部的决策能力、强化领导干部的理论素养、培养领导干部的群众意识，使领导干部起到榜样作用，以身作则形成良好的社会影响和话语影响，进而使广大人民群众接收、推崇领导干部的话语。要保证国家话语的主体地位就必须加强积极同霸权主义作斗争，就必须增强话

---

① 《加强和改进国际传播工作　展示真实立体全面的中国》，《人民日报》2021年6月2日。

语的国际影响力和国际传播力，突出国家话语的中国特色，重视国际受众信息需求，充分考虑国际受众的民族文化心理需要，讲好中国故事，维护好中国形象。

第二，**必须增强媒体话语的规范性和客观性**。媒体是国家话语和公众话语的居间地带，但其本身也形成了一种话语。媒体话语是由新媒体融合而成的各专业媒体机构形成的话语。全媒体时代的多元化特征使得媒体颠覆了话语权的传统表现形式，出现了一系列与时俱进且吸引眼球的信息传播手段和路径。而西方国家借以通过双重标准、有目的选取等方式主动赋予媒体内容以立场和价值观，进而渗透到我国的话语体系的建设中。相比之下，国内的一系列媒体因利益需求不断利用其信息传播的优势发布一系列不合规范且有欠考虑的内容和题材以吸引用户，增强传播效力。因此，媒体机构必须时刻牢记自己的身份地位和历史使命，以马克思主义理论作为媒体行业的行动指南，以马克思主义的价值观来评论和引导社会的问题，维护马克思主义的核心地位和价值尺度；媒体机构必须发挥全媒体多元化的竞争优势，发挥多渠道的宣传效果，构筑综合性的符合国家话语立场和倾向的信息平台，全力促进与配合国家话语的宣传；媒体机构必须严守法律底线，加强人员管理和内容审核，努力提高自身的法律意识和政治敏感度，积极发布即时且优质的信息，自动摒除伤害国家形象和人民情感的信息。

第三，**必须提升公众话语的思想旨趣和政治觉悟**。互联网不是法外之地。公众能够在全媒体时代发出声音，进而形成一种话语是全媒体时代的全民福利，而非公众谋取不当利益的手段和方式。自媒体形式的自主性、内容的通俗性以及互联网的匿名性不能成为公众话语空间受到污染的原因。因此，自媒体要充分意识到自身的地位和法律的边界，不能逾越法律底线和道德底线，不能违背公序良俗。自媒体中的意见领袖、网红等顶部流量的拥有者不能以盈利手段引导甚至干预公众话语的形成和构建过程，不能传播虚假信息和低俗内容。公众在形成话语的过程中也要积极与国家话语保持一致，提高自身的政治意识、大局意识、核心意识、看齐意识，积极营造良好的网络话语空间。

第二节　全媒体时代网络意识形态及其建设

在上一节中，我们介绍了全媒体时代的三种话语形式及其建设过程中要遵循的诸多原则。但是这是从精神生产的产品在实践中的表现这一角度入手出发，从结构上勾勒出的话语结构及其背后关系。而这一节则从马克思主义理论的角度探究全媒体时代的意识形态及其建设。

意识形态是一个含义较为模糊的概念，即便在马克思主义理论中亦是如此。因此，在强调其对全媒体时代精神生产过程的理论功能之前有必要简要追溯其概念史和在马克思经典著作中的语义和语用。意识形态最早在创始者德斯蒂·德·特拉西那里指一种观念科学，而在19世纪末和20世纪初的文本语境中这一概念被各种社会科学理论裹挟，因而更增加了其自身的复杂性。马克思恩格斯在《德意志意识形态》中就采取了这一概念的否定性含义。从这部手稿的副标题中，不难发现其意指是鲍威尔和施蒂纳等人所代表的哲学理论，从后来的文本看，其可以概指德国的诸多哲学理论。而从其内容来说，马克思恩格斯实际上以"历史科学"取代了意识形态概念的内涵。

马克思在《德意志意识形态》的一个脚注中写道："我们需要深入研究的是人类史，因为几乎整个意识形态不是曲解人类史，就是完全撇开人类史。意识形态本身只不过是这一历史的一个方面。"①

也就是说，按照马克思的论断在他那里只有一门学科具有科学性，那就是历史科学。而意识形态只不过是这门科学的一个要素。而在马克思晚年的论断中，则不难发现意识形态属于历史唯物主义的范畴——被经济基础所决定的上层建筑。对此，马克思指出："一种是生产的经济条件方面所发生的

---

① 《马克思恩格斯文集》第1卷，北京：人民出版社2009年版，第519页。

物质的、可以用自然科学的精确性指明的变革，一种是人们借以意识到这个冲突并力求把它克服的那些法律的、政治的、宗教的、艺术的或哲学的，简言之，意识形态的形式。"①

马克思将法律、政治、宗教和艺术当作意识形态的表现形式。这一点实际上将意识形态赋予决定论上的次要性的同时又赋予其在要素论中的优先性。一方面，意识形态的变化要随着经济基础的变化而变化。经济基础的变革和意识形态的变革是两种变革方式。因而在历史上的各个社会形态中都有自己的意识形态代表。例如在中世纪的封建社会，意识形态代表是僧侣②。而另一方面，意识形态作为总的范畴又先于法律、政治和宗教等子范畴，在外延上要更为丰富。而在我国的教科书体系中，意识形态作为"和经济形态相对应的重要范畴"，特指"反映特定经济形态、从而也反映特定阶级或社会集团的利益和要求的观念体系"③。

在对意识形态术语定位上，与马克思的历史要素论不同的是，西方学者将其视作某种历史现象的表现。在西方学者那里，意识形态背后暴露出来的是某种既定的权力关系。马克斯·韦伯指出了意识形态是包裹着科学外衣的权力合法化，其内部"保持着难以分析和公开化的实际权力关系"④。而曼海姆在《意识形态与乌托邦》一书中则是将意识形态视作"来自政治冲突的一个发现，即统治集团可以在思维中变得如此强烈地把利益和形势密切联系在一起"⑤。在意识形态的内涵中，曼海姆描述了对集体的无意识控制，从而使集体得到稳定的情况。

无论在马克思经典文献的内部，还是马克思之后的社会学家的那些定义中，都具有"意识形态概念的中性化"倾向。在马克思那里，意识形态首先

---

① 《马克思恩格斯文集》第2卷，北京：人民出版社2009年版，第592页。
② 参见《马克思恩格斯文集》第2卷，北京：人民出版社2009年版，第225页。
③ 肖前主编《马克思主义哲学原理》（上），北京：中国人民大学出版社1994年版，第369页。
④ 〔英〕大卫·麦克里兰：《意识形态》，孔兆政、蒋龙翔译，长春：吉林人民出版社2005年版，第3页。
⑤ 〔德〕曼海姆：《意识形态与乌托邦》，黎鸣等译，北京：商务印书馆2000年版，第41页。

伴随着其对同时期的观念论者学说体系的批判。而在马克思的政治经济学批判中，意识形态作为历史唯物主义的一种要素则中性化了。而在列宁那里，指出了某种社会主义的意识形态。他表明这种意识形态不应来自无产阶级自发性，而是要被知识分子和理论家阐明。卢卡奇则指出了某种"无产阶级意识形态"以作为阶级斗争的最大武器。曼海姆则是将意识形态的实践功能——无论是马克思式的批判武器还是列宁–卢卡奇式的革命建设转移到更为中立化的知识社会学上，将其视作一种整体性的概念，即作为社会思想的总和或观念体系。

这种中性化的定义策略有助于将意识形态术语应用到对全媒体时代的精神生产的反思上来。这是出于两个原因，其一是因为我国在1956年就已经完成社会主义改造，建立起社会主义制度，完成了社会主义革命，因此意识形态不再作为一种社会主义革命的武器；另一方面，在对以往时代和当代的诊断中，意识形态作为一种范畴能够准确地描述当今社会中的思想的基本形式。因而意识形态的中立化毋宁说是意识形态依然从原始的语境中脱离出来，成为一种时代分析的工具。但意识形态在形式上的中立性并不能保证其内涵的中立性。意识形态所具体指涉的内容并非是客观的。无论在资本主义社会还是社会主义社会，意识形态都具有鲜明的政治特征。这种政治特征意味着意识形态的制定者和拥有者有着自己的政治立场和政治诉求。也恰恰是从这个意义上，意识形态能够在某种程度上反映出某个社会阶层或社会阶级的政治利益。在有阶级的社会中，意识形态也由此具有了阶级属性。当然，这种阶级属性并非由于意识形态这一概念自身的规定，而是由于拥有意识形态的人的主观方面。

意识形态与政治的亲缘关系意味着要保证意识形态得以存续，而要保证意识形态的功能得以施行，则必须依赖政治权力即国家的权力。政治权力随着历史的发展，尤其是随着无产阶级取得政权就变成了国家权力。国家权力的坚强后盾则使得国家统治者的意识形态得以广为传播。意识形态本身为了政权而服务，并获得政权的保护。因此，意识形态是国家话语的另一种表达。

其作为国家话语的典型表达成为整个社会中的主流。

而从精神生产的角度来说，意识形态是一种具有代表性的精神产品。我们在第一章中就已经指明了精神生产活动的产品是表现在语言中的社会意识形式，但是任何个体都可以发出声音，都可以表达出自己的观点和思想，因而形成了不同的精神产品。而只有这些产品具有了一定的共识和明确的倾向性，才形成了一系列话语。而意识形态就是国家统治阶级的社会意识形式在社会中的表达，其代表整个统治阶级的世界观和思想体系。在此基础上，意识形态在整个社会的运转中具有如下功能。

首先，意识形态为政治共同体的秩序提供合法性。任何一个政治共同体在建立之初都有其政治纲领和政治组织结构。而要维系这些秩序的稳定就不能只在现实的领域具有强有力的保障，而要在社会意识形式，即在精神生产的产品中具有意识形态的保障。具体而言，这些意识形态不仅要通过论证和描述等方式论证其政权的合法性和历史必然性，也必须通过媒体的手段传播到被统治阶级中，使其具有同理心和共同价值，以维系整个政治共同体的存续。其次，统治阶级意识形态是统治阶级政策的根本出发点和落脚点。意识形态提供的合法性依据成为政治共同体内部统治阶级制定政策的依据和出发点，而且意识形态所体现出的统治阶级的利益则成为现实行政过程中各种政策的落脚点。再次，作为一种精神产品，意识形态在精神上具有凝聚和引领的功能。某种具体的意识形态能够保持社会阶级和政治集团的边界，能够凝聚这一团体成员，促使其形成共同的政治决断和政治价值观。这是因为意识形态自身就是在这一政治团体的政治实践过程中形成的，而其作为一种社会价值体系，实质上就是为人们的行为制定出价值目标。因而其对于社会团体接下来的政治行动具有引导的作用。最后，意识形态具有宣传和动员的功能。意识形态不仅形塑了持有它的统治集团或社会群体的自身形象和边界，也对社会非统治阶级有着重要的功能。意识形态能够积极地激发一定的社会阶层或集团的政治热情和行动激情。意识形态可以以"口号""标语"的形式深入群众之中，并充分发挥群众的主观能动性，培养其政治意识和觉悟。

如果说，在当今社会，意识形态是国家所特有的一种国家话语，那么意识形态是随着国家历史的发展而不断改变的。新中国成立之后，面对极其复杂的国内外形势，在毛泽东、周恩来等党和国家领导人的领导下，中国社会不仅实现了社会主义政治革命和经济体制的革命，在意识形态上也实现了一场革命。这就是废除半殖民地、半封建社会遗留下来的各种意识形态，取而代之的是社会主义的马克思主义意识形态。改革开放以来，我国进入了改革开放的新时期，国家意识形态也有了新的面貌。其一是1978年关于真理标准的大讨论，确立了实事求是、解放思想的意识形态内涵，并积极应用到改革开放的现代化事业上来。其二则是关于姓"资"姓"社"的大讨论进一步解放思想，摆脱了"左"倾错误的影响，明确了社会主义和共产主义的定义以及如何建设社会主义。可以说，新中国成立以来的社会主义革命和改革史伴随着意识形态领域的矛盾和斗争，而对于这些矛盾的解决最终又促进了政治实践的进一步发展。

随着中国特色社会主义进入新时代，"网络意识形态安全风险问题值得高度重视。网络已是当前意识形态斗争的最前沿"①。因此，在全媒体时代的精神生产和信息传播的过程中，网络意识形态已经成为一种新的意识形态形势。所谓"网络意识形态"是在虚拟空间之中的一种新型社会意识形态的集合。按照马克思的历史唯物主义，网络意识形态属于上层建筑的范畴，并且被经济基础决定。

全媒体时代信息传播的中介是互联网。全媒体时代任何人都可以在互联网上表达自己的观点和见解，因而互联网上的信息在观点和立场上的争斗使得互联网成为意识形态斗争的最前沿和主战场。全媒体主体的广泛性参与使得网络意识形态变得更为复杂。一方面，在互联网这一虚拟空间中，用户身份的匿名性和虚拟性使得信息的主体和来源无法被清晰的识别；另一方面，西方国家通过互联网不断渗透意识形态，不仅获取个人信息和组织信息，也

---

① 《习近平关于网络强国论述摘编》，北京：中央文献出版社2021年版，第54页。

全媒体时代的精神生产活动及其反思——基于马克思主义的研究视角

进行一系列瓦解、颠覆行动,给国家信息安全和政治安全带来极大的挑战。

我国历来重视意识形态建设。党的十九届六中全会审议通过的《中共中央关于党的百年奋斗重大成就和历史经验的决议》指出:"意识形态工作是为国家立心、为民族立魂的工作。"① 党和政府就意识形态建设问题已经建立健全意识形态工作责任制,并对相关工作内容做了补充。2015 年,中共中央办公厅印发《党委(党组)意识形态工作责任制实施办法》,以党内法规的形式明确规定各级党委(党组)领导班子对本地区本部门本单位意识形态工作负主体责任,党委(党组)书记是第一责任人。2017 年,中共中央政治局审议通过《关于修改〈中国共产党巡视工作条例〉的决定》,将"落实意识形态工作责任制不到位"纳入巡视监督内容,用巡视监督倒逼意识形态工作责任落实,有效推动了意识形态工作的有责必行、执责必严、失责必究。此外,《中国共产党党委(党组)理论学习中心组学习规则》规定:"各级党委(党组)应当把理论学习中心组学习列入重要议事日程,纳入党建工作责任制,纳入意识形态工作责任制。"

但是,网络意识形态建设不会停歇。在全媒体时代下,要继续巩固国家意识形态的地位,加强网络意识形态的建设就必须做到以下三点。

首先,坚持马克思主义的指导地位,增强主流意识形态的引导力。鉴于全媒体时代我国网络意识形态遭受的内部和外部风险,必须巩固马克思主义在网络意识形态的主流地位。网络意识形态一方面来自西方敌对势力利用网络进行的文化渗透和价值输出,另一方面来自网络空间内部产生的各种错误社会思潮对国家意识形态的消解。这些风险不仅会导致网络上充斥着负能量,也会演变出民粹主义、封建迷信、历史虚无主义、无政府主义等各种非理性的思想和错误思潮,严重侵蚀国家主流意识形态,危害了国家意识形态安全。因此,必须坚持马克思主义在意识形态领域的指导地位,以马克思主义的辩证唯物主义为认识基础,以历史唯物主义分析社会现象和历史现象,树立共

---

① 《中共中央关于党的百年奋斗重大成就和历史经验的决议》,北京:人民出版社 2021 年版,第 44 页。

产主义的远大理想,积极同反马克思主义的思想和倾向作斗争。在社会主义改革开放的几十年实践历程中,是否坚持马克思主义在当今网络意识形态中的指导地位,能不能发挥马克思主义在意识形态中的引导作用,即能不能在网络宣传和信息传播的过程中坚持马克思主义的立场、原理和方法,这是对我们马克思主义理论水平和修养的考验,也是对长期以来意识形态宣传工作的考验。坚持马克思主义指导地位的核心是坚持中国共产党的全面领导,保证党在网络意识形态风险防控领域的领导者、组织者、实施者的坚强地位。中国共产党作为网络意识形态工作的顶层设计者,不仅要探究网络意识形态风险产生的根源,还要积极探寻解决的办法,不断将成功的实践经验上升到顶层设计的层面,为网络意识形态风险防控提供可靠保障。在此背景下,党员干部作为意识形态阵地的守卫者必须提高四个意识,担负起对网络管理的领导和引导责任,要敏锐地用政治眼光把握网络意识形态风险,客观地研判网络信息的发展走向,在纷繁复杂的网络意识形态环境中,及时辨别出错误思潮及其倾向。此外,意识形态建设者要坚守底线,积极进取,敢于同外来的意识形态思想作斗争,在原则问题上认清大是大非,提高网络风险意识。

其次,融合手段壮大主流阵地,增强主流意识形态的传播力。全媒体时代下,媒介的发展已经具有平台化特征。与以往的传媒手段相比,这些平台具有无与伦比的时间长度、空间广度和主体深度。平台不仅成为各种意识形态交锋的主战场、主阵地,也时刻孕育着新的思想和观点。网络平台在为个人提供信息传播的便利时,也为别有用心的个人和组织的思想渗透提供了便利的渠道。因此国家话语作为网络意识形态中的主流必须增强自身的传播力,既要在广度上积极扩大其受众用户,也要在深度上不断推陈出新,提供高质量的内容。为此,各级领导干部及各社会媒体机构应注重全媒体时代的多元化媒体的管理和运作模式,丰富主流意识形态传播路径、扩大主流意识形态传播受众、丰富主流意识形态的表现形式。具体而言,在建设网络意识形态的过程中,各级党委要牢固树立"大宣传"格局,主动扩大管理对象,"把党管媒体的原则贯彻到新媒体领域,所有从事新闻信息服务、具有媒体属性和舆论动员功能的传播平台都要纳入管理范围",积极推动下属多个部门之间的协调配合,实现网络意识形态的全天候管理、全域化管理、多领域管理。在建设网络意识形态的过程中,各级党政干部要在网络意识形态的建设中注重复合型人才的培养工作,既要吸收新闻传播、传媒管理等对口专业人才,也要吸收马克思主义理论、大数据分析等其他专业背景人才,妥善适应全媒体时代的整体性思路,为主流意识形态的传播"聚天下英才",培养一支政治过硬、技术过硬、素质过硬的专业网络意识形态工作者。在建设网络意识形态的过程中,互联网企业要遵守法律法规,在良性竞争的基础上,提高自身业务的风险意识,规范对个人隐私权利的保护,建立网信安全信息共享机制,坚持经济效益与社会效益的统一,在积极推出多元化的优质服务和内容的过程中,坚决抵制资本主义的不良诱惑,以国家大局和人民利益为重。在建设网络意识形态的过程中,团体组织是维护网络意识形态的基层单位,要担负起引导青年的积极作用,要提高自身的组织能力和宣传能力,增强引导青年思想发展的实效性与灵活度。

最后,把握全媒体环境下群众认知规律,增强主流意识形态的公信力。主流意识形态作为一种宣传主体,其必须在符合传播学规律的同时充分考虑作为客体受众的特征。全媒体时代的受众是群众,是普通的网络用户。随着全民参与情绪和热情愈演愈烈,网络用户数量众多且具有分散性和不确定性的特征。一些新的新闻消息往往在用户中引起轩然大波。因此,在网络意识形态建设的过程中,应做到以下几点。其一,充分发挥大数据等信息技术在分析受众认知兴趣和行为倾向等方面的优势,充分掌握大数据技术强大的数据存储、挖掘、分析等功能,利用信息技术、仿真模型与数据融合,在众多信息源中实现宏观上的趋势把握和微观上的精准定位功能。其二,要建立健全互联网的相关法律、法规,完善网络意识形态主体责任制,开展专项行动,维护网络空间的风气,保障人民群众的网络资产,维护人民群众在网络空间中的基本权益。其三,要灵活运用多种表达方式,采取为人民群众所喜闻乐见的形式,避免教条主义说教式传播,说理与陈情并举,高雅与通俗融合，努力打破"说了没人听""说了传不开""说了记不住"的不利局面。其四，要充分认识到"打铁还需自身硬"的客观道理，努力维系官方机构和政府机关的优秀形象，维系主流意识形态的权威性，努力培育人民群众对主流意识形态的认可度和接受度，要积极回应人民群众所关心的问题，要公平、公正地处理网络空间中的纷争和辩论，对于故意损坏国家行政人员和行政机关形象的行为和个人，要严厉打击并依法惩处。

第三节 全媒体时代的舆论与舆情

在上一节中我们讨论了国家话语中的意识形态及网络意识形态的建设，而从另一种话语出发，我们也会在精神生产的产品中发现另一种社会意识形式。公众话语意味着个体在公共领域中的观点和表达，而公众话语在媒体平台的表达过程中容易出现一种新的社会意识形式——舆论。

作为日常语言中的一个反复提及的词语，舆论的定义却不是很清晰。有学者总结了对公共领域中的舆论的几十种定义。也有的学者干脆拒斥这一概念。那么，到底什么是舆论呢？我们可以通过反思的方法，通过提问不断收紧其外延从而确定其真正的内涵。

首先，舆论代表的是一致的意见么？如果说舆论是诸多个体在公共领域的意见表达，那么在这些表达过程中是否能够达成一致的态度。实际上，舆论并非是一种一致的态度，也不可能是一致的态度。因为如果我们将舆论的主体限定为个体的集合——当然我们可以为这个集合冠以"民众""公众""多数人"等名号，也可以从"阶级""集团"等范畴来划分——那么就不可能在数量如此庞大的个体中找到某种一致性。如果真有一致性，则世界不再会有论战与纷争。但是不能因此说舆论就与一致性无关。舆论所体现出来的是主题的一致性。即是说，在某一时刻内大多数的个体共同关注着某个主题。这个主题可以是一项新推出的政策、一项新发明、一种潮流，甚至是一个花边新闻。

其次，舆论具不具备价值倾向？舆论的价值倾向问题是西方历史上争论较为广泛的论题。古罗马哲学家塞内卡就认同民众的声音——舆论的神圣性，而文艺复兴时期的政治学家马基雅维利则祛魅了舆论的神圣性。而随着人文主义的复兴，舆论本身的非神圣性也愈发被学者们接受，并最终在现代人的眼中成为多元价值的载体。

再次，舆论的效果如何展现？舆论具有某种巨大的影响，这一点无论是休谟、卢梭、黑格尔等哲人，还是生活在现实世界中的普通人都不得不承认。但是舆论的这种巨大能量体现在哪些方面呢？或者说，舆论的能量是如何影响着我们的现实生活呢？实际上，舆论在最初阶段的影响并不是如此之大，而是伴随着其不断传播、发酵的过程，其影响有着几何倍数的增长。舆论的影响增长得如此之快代表着从众心理和猎奇心理对个体的难以名状的影响。个体往往并非是出于理性的算计来介入到舆论中，也并非是出于自身的喜好或利益来进行舆论表达，而是看到周围其他人大多数都已经介入到舆论场之中而出于对舆论的主题某种好奇心而也加入舆论中。即便其不直接、不主动地表达自己对这一主题的意见和态度，而仅仅关注了这一主题本身，都赋予了舆论一种潜在的爆发力。这种爆发力往往会迫使公权力或者相关社会机构做出一定的改变，或者迫使当事人做出某种回应。而舆论的声音一旦有了回声，则会短暂地增强公众的关注度，增强舆论的影响力；而从长远看，回声一旦符合民众的预期，舆论的影响力则会如流星一般骤然下降。

最后，让我们来界定舆论的定义：舆论是民众公开表达出来对某一明确主体的共同关注。它是具有多种价值的公众话语。舆论的主题是一致的。舆论围绕着这个一致的主题随着事件的发展而不断发酵。舆论形成的某种逼迫力量，影响巨大却短暂。舆论的目的是要求得到改变或回应，而一旦得到许诺之后，舆论的影响力则会几何级数的下降。

在漫漫历史长河中，舆论早已经出现在人类社会中。因为人们的好奇心无止境，因为人们对社会公平、正义价值观等美好德性的追求无止境。在古代文明中，尤其是在古希腊和古罗马文明等西方历史社会中，舆论能够左右判决结果——诸如苏格拉底的审判，舆论也能改变世界的走向——诸如十字军因舆论的逼迫而东征。而在现代民主社会，随着人民言论自由和表达自由的权利普遍化，舆论正式登上历史舞台，成为一种不可忽略的政治力量，也吸引了哲学家、社会学家对其展开专门的研究。从媒介的发展史来看，舆论已经不仅仅局限于公共空间中在场的个体发出的声音，也保存在文字、语音、图像等诸多媒介中，并广为传播。舆论的信息化使得舆论不再是一种看不见的力量，而是有了物质载体的可见的表达方式。因此，在学术界内部，对于舆论的研究也离不开对信息传播媒介的研究。而随着互联网技术的应用和发展，网络媒体自然而然就成了舆论的爆发地和主阵地。互联网以其无与伦比的影响力不断增强舆论的作用，甚至在短时间之内形成一种潮流和热门话题。互联网承载舆论的同时，也占据着网络用户的时间、精力和注意力，甚至直接影响网络用户的个人生活。毋宁说，人生活在两个世界中，一个是原本的现实世界，另一个就是传播的舆论世界。[①] 而在全媒体时代，网络舆论已然成为人们在公共空间中获取外部信息的主要来源。任何网络用户，只要在某个程序上登录（例如微博、知乎、豆瓣、哔哩哔哩等），就会被动地得到此款软件程序的热门榜单或推送，而其自身的浏览信息则会被程序后台捕捉，纳入热门清单的计算中。而对于用户来说，如果要参与到既定的舆论中来，可以有点赞、转发、发布公众号文章、发布带标签动态、发布弹幕、创作衍生作品等渠道。这大大降低了舆论参与的门槛，又无形中扩大了舆论的影响力。

以上是对舆论概念的界定及其在历史和现实中的表现。但这些都是从公众话语的角度，都是从个体用户的角度出发看待舆论的。而从国家的角度来看，舆论则是另一番景象。在国家的管理过程中，舆论，尤其是网络舆论是管理的难点。因为公众在舆论中所针对的那个一致的主题是偶然发生的金融

---

① 参见邹振东：《弱传播：舆论世界的哲学》，北京：国家行政管理出版社2018年版，第21页。

全媒体时代的精神生产活动及其反思——基于马克思主义的研究视角

危机、社会安全、公共卫生等突发性的事件。即便再强大的国家机器也不可能全部预料到即将发生的社会事件，也不可能预判到哪些事件会以何种方式成为舆论的主题。于是，在全媒体时代，对于国家治理而言，舆论必须成为可以分析的对象才能够在具体的政治实践中被把握到，才能更好地使其巩固社会秩序，推动社会朝向良好的趋势发展。而这就催生出一门新的学科——网络舆情学。

尽管舆情与舆论都是在全媒体时代精神生产活动的产品，但是两者有着明显的区别。如果说舆论是客观地分析公众话语中的某种集中关注的声音和表达，那么舆情则是独具特色的中国化表达。它无法直接对应英文中的词组 public opinion 和 public sentiment，而是从国家和社会的统治阶层出发对舆论的指涉，也是随着国家治理水平不断完善而形成的一个特殊的概念。自1999年以来，舆论第一次在网络的公共空间中展现并造成了巨大的影响。对于北约轰炸中国驻南斯拉夫使馆事件，中国网民集体在互联网论坛上发布自己的见解，由此形成了网络上的第一次爱国主义浪潮。随后在号称"中文第一时政论坛"——强国论坛的基础上，针对国内外热点事件的舆论雨后春笋般地出现。有鉴于此，2003年开始，新华网等媒体主动将电子版的《中国舆情》报送到相关领导部门以备参考。这标志着我国针对网络舆论的分析——网络舆情第一次成为中国行政管理体制中不可或缺的一环。在此基础上，各级党组部门将舆情的监测、分析和研判作为一项重要的政治宣传工作，并在2007年建立了专门的负责机构——人民舆情监测室（后更名人民网舆情数据中心）。而且设立了特约舆情信息员、兼职社会舆情信息员等岗位。随着媒体技术的不断更新，舆情管理也与时俱进。一方面，推动舆情分析的市场化，注重以搜狐网、网易、腾讯等门户媒体对舆情的掌控和分析能力；另一方面，加强舆情管理队伍建设，不仅成立了全国网络舆情技能水平考试中心负责认证舆情分析师，而且诸如人民大学、复旦大学等高校开设了与舆情分析相关的专业，初步形成政府、市场、教学机构、评价机构的多位一体的舆情产业布局。而到了全媒体时代，舆情分析的主要变化就是利用大数据和算法技术加强舆情的分析。具体而言,基于文本平均相似度的 K 均值聚类算法可以提升网络内容的聚类稳定性;基于多项式拟合法可以讨论舆情的演化过程和规律;根据随机模型可以评价网络用户评论对象;根据 X-means 迭代聚类筛选模型可以有效地挖掘出意见领袖。①

针对复杂的舆情,我国政府和相关企业采取了多种多样的手段分析网络舆情。我们有必要对网络舆情进行一个总结性的描述。首先,我们要明确全媒体时代网络舆情的类型和特征。在全媒体时代,网络舆情分为如下几种。其一是维权型;其二是娱乐型;其三是公益型;其四是新闻型。所谓维权型是民众在日常生活中遇到一系列感到不公正、不认可的事件之后,将自己的诉求发布到网络平台上之后而引起舆论围观。这种类型的舆情大多与基层政府和企事业单位与当事人的纠纷有关,其重点在于互联网用户试图通过公开的平台获取舆论关注以达成自己的诉求。娱乐型的舆情要么与社会名人、网络明星的花边新闻有关,要么与个人隐私的透露有关。对于前者而言,这种舆情的题材既有其生活日常,也有其不为人知的违背公序良俗的一面;对于后者而言,这种舆情大都是违背社会道德或伦理的事件,否则也不可能吸引众多网络用户的好奇心和注意力,成为一种舆论。公益性的舆情出于公众对于某个个体或团体的怜悯情绪并试图付诸行动而造成的舆论效果,这种舆情往往由社会名流带动,使得公众之间组成临时性的公益互助机制以达成其救助的实际效果,并宣泄其同情心。新闻型的舆情最为复杂,因为它不是公众直接形成的某种舆论,而是针对即时发生的国内外政治经济大事件或某种社会普遍价值观而形成的一种舆论。这种舆情的重点在于民众对于事件本身的无抵抗性的信服和无条件的宣传,因而也是谣言、传言的重灾区,其功能是宣泄公众的愤怒、恐惧、激动等情绪,而并无集中的对政府部门的诉求。

对于舆情的特征,我们不难发现有以下几点。其一是群体性;其二是极

---

① 参见贾祥敏:《新媒体舆情论:理论与方法》,北京:科学出版社 2021 年版,第 14 页。

全媒体时代的精神生产活动及其反思——基于马克思主义的研究视角

端化；其三是隐匿性。全媒体时代人人都可以甚至人人都被迫参与到舆论之中，这就使得网络舆情在传播过程中突破物理的时间和空间的同时，也会将个体裹挟到颇具影响力的舆论洪流中。个体在舆论场中不再是以个体身份存在，而是以具有某个立场或倾向的群体中的一员而存在。在这种存在环境下，个体的理性很容易就被外界的情绪裹挟，使得个人在舆论发酵过程中丧失判断力和反思力。而对于这个群体而言，其具有某种不稳定的集体意识。这种集体意识是其成员之间对共同关注的主题提供一种共同认可的立场或具有共同利益，以实现群体的共同目标。而舆论在发酵的过程中出现的一系列观点非常容易极端化。这既是网络公共空间多元化价值表达的体现，也是公众受到非理性情绪影响的结果。个体一方面在互联网中与现实中截然相反，敢于表现自己、表达自己的意见，提高舆论的参与度，但是公众在舆论中往往以人身攻击、地域攻击或污言秽语表达自己的观点，不仅不去思考接收到的信息来源，也不去辨别信息的真伪。此外，由于网络用户是以昵称的方式参与到舆论讨论中，而社交媒体软件又推出了一系列加密通信、限制评论、阅后即焚等功能，使得舆论的发酵过程往往是通过一系列小群体、小圈子，而这对于大数据的综合性统计造成了一定的困难。

其次，我们要明白全媒体时代网络舆情的来源。网络舆情是如何呈现在管理部门那里的？毋庸置疑，舆情来自正在发生的社会舆论。但是舆论又是怎么发生的呢？舆论是自发形成的还是受到引诱而形成的呢？如果我们要明白舆论中涉及的诸要素，就能明白舆论的来源，进而就能理解舆情的根源。在一条完整的舆论兴起、传播和消散的链条中，具有事件、主题、传播渠道、受众这四个维度。前两个要素在上文已有提及。舆论源自偶发性的事件，因而无论是舆论的参与者和监控者都不能完全把握住这一要素。舆论必须有着核心的主题，否则公众的关注点就会失去焦点，舆论自然会消弭。而受众这一要素最为明了，因为在全媒体时代其就是指整个互联网用户。而传播渠道也比较清楚。全媒体时代的传媒机构组建的程序和平台扮演着主要的角色，成为舆论斗争的主阵地和主战场。这种战场既可以表现在直接发布的文章、音频和视频资料中，也可以表现在具有互动性的弹幕、评论、转发等环节中。但是根据多年以来的舆情分析案例和实际情况，我们发现舆论在传播和升级过程中出现了一些意见领袖和网络推手（网络水军）。意见领袖是网络舆论中的重要成员。其重要性在于信息往往经由他们的中介再传播到其追随者中，可以说其在网络舆论的传播链条中起到二传手的作用。目前网络上的网红、大V、明星、知名媒体人和知识分子都是潜在的意见领袖。其具有百万甚至千万粉丝，能够在舆论兴起的第一时间将舆论扩大化，将矛盾升级——当然其也可以起到降低舆论敏感性的作用。随着社会舆论层出不穷，有些意见领袖开始注意到自身的舆论影响力，并试图以此方式在舆论传播的过程中分一杯羹，企图谋取不正当利益或引起不良风气。网络推手也叫网络水军，是很多热点事件的幕后黑手。其职能既在于使某些事件和话题在短时间内"爆红"，得到公众关注，形成舆论，也在于通过人工或机器对舆论主题进行重复性的操作，以达到引领舆论走向的目的。如果说意见领袖只是将舆论的影响力提升一个级别，那么网络推手则是舆论的根本来源之一，可以主动地制造舆论。其对整个舆论的影响力和破坏程度是难以估量的。那么，这些网络推手们为何要制造舆论呢？他们深谙流量经济的密码，试图以炒作的手段获取名气——流量，而又通过流量获得经济利益甚至是政治利益。他们会时刻关注社会中出现的事件，并判断其是否能够成为舆论主题。对于具有敏感性和特殊性的主题，他们会进行有目的的加工，甚至不惜传播谣言，以夸大、虚假的方式来博人眼球。而民众的抵抗力和辨识度较低，因而又助长了这些网络水军们的气焰；而互联网身份的匿名性，又使得他们更具有底气去逃避法律制裁。当前我国的网络推手已经不仅仅是以个人为主，而是以公司为主的具有产业化的、专业化的组织。他们依赖于网络舆论，在网络舆论的风口浪尖中获取利益，严重影响了社会风气和社会秩序。

再次，我们要缕清全媒体时代网络舆情的传播规律。网络的发展速度越快，舆情的传播速度也就越快。互联网作为传播效应的放大器已经在某种程度上决定了互联网舆情传播的模式。所谓模式是对现实事件内在机制及事件之间关系的直观论述。在传播学领域，信息传播有四种模式。其一是拉斯韦尔的"5W"模式，即谁（who）、说什么（what）、什么渠道（how）、对谁（whom）和取得的效果。其二是香农–韦弗的"数学模式"，信息从信源到发射器、接收器，最终到信宿的线性过程。其三是奥斯古德–施拉姆模式，即编码者、译码者和释码者之间的循环过程。其四是弗兰克·丹斯的螺旋模式，加入了行为主义中的行为、互动过程。而对于全媒体时代舆情的传播过程来说，其并不属于这四种中的任何一种模型，但又同时参照着这些模型形成了一种衰变的模式。其中最显见的特征是舆情在事件形成舆论的开始之时影响力迅速上升，在民众中不断裂变，扩大影响力，但随着时间的流逝，最终陷于平静，其能量减少。这种模式的主要特征在于其有着明显的半衰期。在物理学上，半衰期是指某种特定物质的浓度经过某种反应降低到剩下初始一半所消耗的时间。而在舆情传播上，半衰期则是指某一舆论的影响力经过发酵之后降低到初始影响力所消耗的时间。按照以往的经验和舆情处理过程来看，任何舆论都最终随着时间流逝而鲜有提及。这一方面是因为在全媒体时代快节奏的生活以及多元化的媒介手段不断影响着人们的思维节奏；另一方面则是因为舆论事件接踵而至，而民众的注意力已经应接不暇，甚至有了机体免疫。而从舆情的效果作用机制来说，舆情所体现出来的影响力至少有四个方面来评价。其一是政治影响，即舆情对政治秩序以及国家安全造成的危害；其二是经济影响，即舆情对国家市场经济运行以及企业的利益造成的影响；其三是道德影响，即舆情对社会价值观以及公序良俗造成的影响；其四是法律影响，即舆情所包含的违法要素以及对此事件的处理造成的法律后果。

最后，我们要制定全媒体时代舆情危机的应对策略。舆情危机是舆论在负面突发事件的引导下，在民众对这一事件表达自己的信念、态度、意见和情绪的过程中出现的不受管理机构控制的情况。舆情危机是舆论在发酵过程中影响范围空前扩大并给当事人及社会造成危机。由于全媒体时代互联网的快捷性、互动性、即时性等传播特性空前突出，使得网络舆情环境更为复杂，加之网络舆情的主体参与度高、表达自由度大、意见交互便捷，导致舆论主题相对模糊、多元、缺乏理性等不足。而社会监管的滞后和缺陷，网络"把关人"缺位、社会管理机制缺失和网民自律意识的缺乏，导致网络舆论的扩散过程处于无序状态。舆论危机的应对水平代表着治国理政的水平。舆论危机的应对水平也成为国家行政管理体系的重要考核指标。为此，在全媒体时代党和国家要不断加强对舆情中可能存在的风险的把控，积极做好以下三点。

第一，要健全网络舆情管理制度。 网络舆情的管理离不开相关法律法规的规范，离不开相关机构制度的建设。目前我国成立了一系列的官方舆情管理机构，但仍有进一步改进的空间。2000年4月国务院新闻办成立了网络新闻宣传管理局，并在各地设立了分支机构——网络新闻宣传管理处，加强了对网络新闻的管理。信息产业部也出台了一系列有关网络信息发布、内容审核、用户备案等方面的法规，使得网络信息管理有据可循。随后国家部委和全国人大又出台了《全国人大常委会关于维护网络安全的规定》《互联网站从事登载新闻业务管理暂行规定》等一系列法律法规以维护国家的信息安全。但是目前没有专门的法律和法规针对舆情处理和舆论规范，尤其是在保障民众言论自由的基础上，需要会同多个部门建立健全舆论管理法律、法规，积极建立网络用户和政府的沟通渠道，保障政府公信力，维护政府形象。目前网络舆情管理制度上出现了几点不足。首先有些学者鉴于网络舆情管理危及互联网发展的可能性，不主张对网络舆情进行制度化的管理；而有些专家则是指出尽管社会舆论很难把握，但目前的网络舆论控制技术，比如内容过滤、敏感词筛查、实名制认证等已经可以完全监控网络舆情，没必要通过法律法规等制度化的方式进行管理。实际上，这两种观点的片面性就能体现出网络舆情管理工作中的难点。网络舆情的管理部门众多，各单位、各系统的管理步调和标准难以统一，因而需要出台相应的法规协调矛盾，制定统一的管理规定，建立信息共享机制和协同联动机制，尤其是在相关网络舆论管理人员的培训和考核上能够有效地建立起公平、公正、公开的奖惩机制，极大地激发其工作热情和忠诚度。舆情监管的法律实施也有利于网络用户自发地形成良好的网络素养,在使用互联网表达自己的观点时能够有法可依,明确其权利和义务。不仅如此,舆情管理的制度化建设有助于将市场纳入监管,使得企业能够有所依据,配合相关机构的监管工作,大大降低舆情的负面影响,维护互联网的良好环境。

第二,要加强网络舆情监测水平。长期以来,我国政府机关在舆情监测上已经形成了"坚守一个阵地,借助两个力量,发挥媒体作用"的模式,即坚守主流舆论阵地,借助专业舆情分析机构和大众舆论监督力量,发挥媒体的"前哨战"作用。① 但随着监测范围、平台程序和网络用户的不断增加,网络舆情的监测水平有待进一步提升。为此,舆情管理机构应该因地制宜,与时俱进,不断利用网络爬虫技术、大数据、区块链、人工智能等新兴技术的同时,也要提升自身的监测水平。具体而言,在检测范围上,要明确网络舆情的监测范围包括普通网络用户、机构用户、意见领袖、网络服务运营商等多个主体,也包括网站、论坛、公开的社交媒体、私人的社交媒体、移动客户端等多个信息传播路径和渠道,实现全域、全天候的网络舆情监测,做到各领域、各时段、各场合的严防死守,不给舆论制造者、造谣人员以及别有用心的危害信息安全和国家安全的人员以可乘之机。在监测手段上,监管机构要实现人工监测和电子监测相结合,在有目的、有组织、有序地收集信息的过程中,充分发挥监测人员的主观能动性和工作热情,积极将电子监控收集到的信息妥善地分类,按照新生信息的热度及时建立新的标签和资料夹,并要采用多种技术手段,及时更新数据库和相关资源,实现人机同步、共享,最大可能地避免监测盲区。在监测指标上,舆情管理机构必须明确指标设计理念,选取客观性、普遍性、持续性、简易性和整体性的指标,积极融合清博指数(新媒体指数)、新榜指数、微指数、知微事件的影响力指数、百度指数等多个指标,认清指数背后的算法"黑箱",即同一对象在不同系统中出现不兼容、不对等现象,改善因指标偏差带来的舆情研判的偏差,完善监

---

① 参见曾胜泉等:《网络舆情学》,广州:广东人民出版社2021年版,第114页。

测平台的各项指标，对于异常指标要及时关注并撰写报告。在监测维度上，既要针对网络信息的内容进行实时监测，也要积极开展问卷调查等实地调研活动，积极了解网民心态、社会情绪、舆论氛围，不能脱离群众的日常生活，不能忽视群众日常的利益诉求与兴趣偏好。

第三，要加强网络舆情预警机制。 由于事件的偶发性，因此舆论的发酵必然是不确定的过程。舆情监控过程中必然会面临人力无法提前预料到的各种事情。但是，这并不是说网络舆情部门就不能在舆论形成一定的影响力之前，在事件发酵之前就无能为力进而可以玩忽职守。而往往通过舆情的预警机制，能够大大降低后续舆情处理工作的难度和时间，真正地将舆情管理从理论分析落地到实际应用中。目前网络舆情的预警手段有两种：其一是人工预判，但是这种方式不仅费时、费力，成本还较高，除非相关人员具有较高的敏感度和信息解读能力；其二是技术手段的研判，即通过互联网的爬虫技术和大数据分析技术抓取海量的信息，自动分类，自动检测，并自动形成简报、报告、图表，但其劣势在于无法对数据进行进一步的解读。因此，网络舆情的预警机制要建立在人机合一的基础上，取长补短，突出双方优势。而在舆情预警指标上，目前我国舆情预警等级分为轻度（Ⅳ级）、中度（Ⅲ级）、重度（Ⅱ级）和特重（Ⅰ级），并相应地采用蓝色、黄色、橙色和红色标识，并采用了预警的广度、深度、倾向度、衍生度等多重指标，基本建立起较为完善的预警指标体系。但是这套体系目前在实际应用中仍有进一步优化的空间。一方面可以采用更加新颖的技术，比如数据深入挖掘以及自然语言处理等人工智能的技术，深入信息背后的能指领域，挖掘潜在的敏感性和危险性信息要素；另一方面，需要继续遵循系统性、准确性、持续性原则，将定性和定量相结合，既不要矫枉过正，徒增工作压力和负担，也不应过于疏漏，避免一系列潜在危险要素成为漏网之鱼。

在这一章中，我们探究了精神生产活动在实践效果中出现的现象，并给出了一系列建议。从话语理论的角度看，精神生产的产品因其言语性处于话语及其权力结构的运作中。在全媒体时代，这些精神产品以信息的表现方式处于媒体话语中。而媒体话语作为一种"之间"形态的话语形式，既包含着来自党和政府的国家话语也包含着来自普通民众的公众话语。从意识形态角度而言，国家话语的主要目的就是在其统治的政治实体中宣传其支持的主流意识形态，即主流意识形态与国家话语之间在精神生产的信息产品中达成统一。但事与愿违的是，现实的信息传播过程中，社会事件引发的舆论不断冲击着国家话语及其中的主流意识形态，因而需要官方的舆情管理，以维系国家安全和信息安全，保障媒体话语的平稳有序运行，保障国家政治秩序和经济秩序。